Christa Hellstern (Hg.)

Weihnachten · Fest der Menschwerdung

CHRISTA HELLSTERN (Hg.)

WEIHNACHTEN

FEST DER MENSCHWERDUNG

In Kultur und Religion

:STYRIA

Die Deutsche Bibliothek – CIP-Einheitsaufnahme

Weihnachten : Fest der Menschwerdung /
hrsg. von Christa Hellstern. –
Graz ; Wien ; Köln : Verl. Styria, 2000
ISBN 3-222-12795-6

Umschlagbild: Alessio Baldovinetti
Umschlaggestaltung: Andrea Malek, Graz
Druck und Bindung: Obersteirische Druckerei & Verlagsgesellschaft m. b. H., Leoben
ISBN 3-222-12795-6

Inhalt

EINLEITUNG

Weihnachten, das Fest der Menschwerdung und Erlösung, wird in der ganzen christlichen Welt gefeiert. Ca. 2 Milliarden Menschen werden von dieser Kultur geprägt, doch das Fest strahlt auch auf andere Kulturen und Gesellschaften aus. Es ist tief im Volk verwurzelt, auch wenn es recht unterschiedlich gestaltet wird. Für viele verändern sich heute die Inhalte des Festes, sie suchen nach neuen Deutungen und Gestaltungsmöglichkeiten. Oft werden die alten Deutungen nur mehr auswählend übernommen und schöpferisch weiterentwickelt. Immer aber feiern wir die Erinnerung an unsere eigene Kindheit, unsere eigene Geburt und Menschwerdung.

Kirchenchristen orientieren sich weitgehend an den Lehren der Theologen, sie feiern die Geburt des Erlösers Jesus Christus. Basischristen sehen in diesem Fest das soziale Engagement für die Armen und Entrechteten. Für Kulturchristen rückt der Prozess der eigenen Menschwerdung in das Blickfeld. So setzen wir unterschiedliche Schwerpunkte.

Dieses Buch zeichnet zuerst die Anfänge des Weihnachtsfestes nach. Jesus von Nazaret wurde von Maria geboren, den Zeitpunkt seiner Geburt kennen wir nicht. Er wurde von seinen Anhängern und Jüngern bald als „Erlöser" und „Retter" der Menschen aus dem Kraftfeld des Bösen verehrt. Sie sahen in ihm den „Sohn" und Gesalbten Gottes (Christos). Deswegen erzählten sie viele Geschichten über seinen Eintritt in die Welt; so wie die Griechen und die Römer und andere Völker Geschichten von wunderbaren Geburten erzählt haben.

Zunächst werden die Geburtsgeschichten in den Evangelien nachgezeichnet. Es wird erinnert, wie die Geburt Jesu im islamischen Koran erzählt wird. Denn monophysitische Christen hatten in Arabien davon berichtet. Es wird auch auf andere Kulturen geblickt, die von göttlichen Menschwerdungen erzählen. Immer drücken darin die Menschen ihre Sehnsucht nach Frieden und dem Glück des Lebens aus. In der Geburt jedes Menschenkindes wollen sie dem Göttlichen und dem Heiligen begegnen.

Dann wird versucht, das Thema der Menschwerdung in die heutige Lebenswelt zu übersetzen. Was bedeutet für uns heute Erlösung, von welchen Zwängen möchten und müssen wir uns befreien? Wie können Riten uns helfen, das eigene Leben besser zu verstehen und zu entfalten? Welche ist die spirituelle Dimension dieses großen Festes?

Die Maler aller Epochen haben uns wunderbare Bilder von der göttlichen Geburt geschenkt. Einige dieser Bilder werden in diesem Buch gezeigt. Viele Dichter haben das Geheimnis der Weihnacht und der menschlichen Geburt gepriesen. Einige dieser Texte werden hier vorgestellt. In gefühlvollen Liedern hat das einfache Volk dieses Geheimnis besungen, einige dieser Lieder und Hymnen finden sich in diesem Buch.

Weihnachten ist für uns das große Fest der Geburt und damit ein Fest der Frauen und der Mütter. Wir erinnern uns unserer eigenen Kindheit, jedes Jahr von neuem. Deswegen kommt hier auch weibliches und feministischen Denken zu Wort, das Übergewicht der Männer tritt zurück. Längst verändert sich unser herkömmliches Gottesbild, neue Bilder und Rituale kommen für uns in Sicht. Gerade in einer Kultur des Konsums bekommen das Teilen und Schenken tiefen Sinn.

So will dieses große Geschenkbuch dazu beitragen, die Festzeit Weihnachten ganz neu zu verstehen und zu vertiefen. Es geht dabei um unsere eigene Lebensgeschichte und Menschwerdung. Wir können dieses alte Fest heute mit neuem Leben und Sinn erfüllen, dazu möchte dieses Buch einladen. Es verbinden sich darin Kulturgeschichte, Spiritualität und Bilderwelt, sie bereichern unser Feiern.

(Mailand, Juni 2000)

1. Die Geburt Jesu

Weihnachten ist ein Geburtsfest und ein Fest der Kindheit. Die Griechen erzählten seit langem von den wundervollen Geburten ihrer Göttersöhne und Göttertöchter: von der Geburt der Göttin Athena aus Zeus, von der Geburt der „Gottmenschen“ Herakles, Dionysos und Asklepios aus menschlichen Müttern. Auch der große Kriegsheld Alexander und der Philosoph Platon sollen auf wunderbare Weise von einer „Jungfrau“ geboren worden sein.
Auch die Römer feierten die Geburtsfeste ihrer Götter und Göttinnen, ihrer Kriegshelden und Könige. Als im 3. Jh. der unbesiegbare Sonnengott (Sol Invictus) durch Kaiser Aurelian als Reichsgott eingeführt wurde, da wurde sein Geburtsfest am 25. Dezember gefeiert. Es ist wahrscheinlich, dass in der antiken Kultur auch göttliche Geburtslegenden aus Indien bekannt waren.

Die Anfänge des Festes

Auf ähnliche Weise haben auch die frühen Christen begonnen, das Geburtsfest ihres Erlösers Jesus zu feiern. Sie erzählten viele Geschichten von wundervollen Geburten, von denen zwei in der Bibel stehen. Doch der Geburtstag Jesu ist uns unbekannt, daher wurden verschiedene Tage gefeiert.
In Ägypten wurde zu Beginn des 3. Jh.s der 20. Mai als Jesu Geburtstag begangen. So berichtet es der Theologe Klemens von Alexandria (Stromateis I, 145.6). Auch in Palästina wurde das Fest im Mai gefeiert. Der Theologe Hippolytos hatte den 28. März als den Geburtstag Christi errechnet. Doch in Rom begannen die Christen im 4. Jh., den Geburtstag Jesu am 25. Dezember zu feiern. Denn dies war der Geburtstag des römischen Sonnengottes „Sol Invictus“.
Für die Christen in Rom war dieses Datum eine Kampfansage gegen den römischen Sonnengott. Denn sie nannten Jesus die wahre „Sonne“ der Gerechtigkeit.

In den Jahren 336 und 354 ist in Rom dieser Geburtstag Jesu schriftlich bezeugt. Doch die Christen in den griechischen Städten des Ostens feierten zu dieser Zeit die Geburt Jesu als „Erscheinung“ der Gottheit (Epiphania) am 6. Januar. Und sie feiern diesen Tag bis heute. So gab und gibt es in der christlichen Kultur unterschiedliche Festtage zur Geburt Jesu.
Doch das historische Geburtsdatum Jesu kennen wir nicht. Jesus wurde zwischen 7 und 4 vor unserer Zeitrechnung geboren. Mit dieser Ungenauigkeit müssen wir leben. So hat auch unser Millennium 2000 zur Geburt Jesu nur einen ideellen, aber keinen historischen Bezug.
Die frühen Christen verehrten Jesus von Nazaret, der am Kreuz starb, bald als ihren „Retter“ und „Erlöser“. Deswegen begannen sie, wunderbare Geschichten über seine Geburt zu erzählen. Diese Geburtsgeschichten finden sich in den Evangelien des Matthäus, des Lukas, des Jakobus und im islamischen Koran. Hier sollen die Grundzüge dieser Geschichten skizziert werden.

Matthäusevangelium

Dieses Evangelium wurde um 80 n. C. in griechischer Sprache, also für eine griechisch sprechende Christengemeinde verfasst. Es beginnt mit einem Stammbaum Jesu. Der „Erlöser“ sei ein Sohn des Urvaters Abraham und des jüdischen Königs David (1,1–17). Denn Josef, der Mann Marias, stamme von der Königssippe Davids ab. Danach wird die Geburt Jesu erzählt.
Maria, die Mutter Jesu, war mit Josef verlobt. Doch sie erwartete ein Kind, das nicht von ihm stammte. Es soll aus der „Kraft des Gottesgeistes“ geschaffen worden sein. Da wollte sich Josef von Maria trennen. Doch ein Engel Gottes sprach zu ihm im Traum:
„Josef, Sohn Davids, fürchte dich nicht, Maria als deine Frau zu dir zu nehmen. Denn das Kind, das sie erwartet, ist vom Geist Gottes. Sie wird einen Sohn gebären, ihm sollst du den Namen Jesus geben. Er wird sein Volk von allen Sünden erlösen.“

Nun erinnert der Evangelist Matthäus die Leser an einen Spruch des jüdischen Propheten Jesaia: „Seht, die junge Frau wird empfangen und einen Sohn gebären. Man wird ihm den Namen Imanuel geben“ (Jes 7,14).
Der Evangelist übersetzt nun die junge Frau mit „Jungfrau“ (parthenos). Damit stellt er die Behauptung auf, dass auch Jesus (ähnlich wie die griechischen Gottessöhne) von einer „Jungfrau“ geboren sei. Mit diesem Titel aber wurden in der griechischen Kultur zwei Aussagen gemacht: Zum einen, eine Frau bestimmt autonom über ihr Leben und ihre Sexualität, wie die Göttin Athena. Zum anderen, ihr Kind stammt aus der Kraft Gottes, es ist also ein göttliches Kind.
Diese Vorstellungen werden nun auf Jesus übertragen: Dieser ist ein göttliches Kind. Josef tat, was ihm der Engel gesagt hatte. Er nahm Maria zu sich in sein Haus als seine Frau. Doch er vereinigte sich sexuell nicht mit ihr bis zur Geburt ihres ersten Sohnes (1,18–25). Engel sind in dieser Kultur Boten Gottes, die in Träumen zu uns sprechen oder uns in Menschengestalt begegnen.
Die Geburt wird nicht näher beschrieben. Es wird nur gesagt, dass Jesus zur Zeit des Königs Herodes in der Stadt Betlehem im Land Judäa geboren wurde. Doch es kamen Sterndeuter aus dem Osten und fragten in der heiligen Stadt Jerusalem nach einem neugeborenen „König der Juden“. Als der König Herodes dies hörte, da fürchtete er, von einem Nachfolger vom Thron gestürzt zu werden (2,1–6).
Mit dieser Erzählung beanspruchen die frühen Christen, dass ihr Erlöser Jesus der wahre und eigentliche König der Juden sei, aber nicht der mit den Römern kooperierende Herodes. Dieser aber wollte das Kind ausfindig machen, um es zu töten.
Die Sterndeuter aus dem Osten folgten ihrem Stern, sie fanden das Kind und seine Mutter Maria. Sie fielen zu Boden und verehrten das Kind wie einen König. Dann brachten sie ihre Gaben (Gold, Weihrauch, Myrrhe) dar. Ein Bote Gottes sagte ihnen im Traum, sie sollten nicht zu Herodes zurückkehren (2,7–12).
Da Herodes das Kind töten wollte, flüchtete Josef nach einer Engelsbotschaft im Traum mit Maria und dem Kind unerkannt in das Land Ägypten. Der König ließ in Betlehem alle neugeborenen Kinder bis zu zwei Jahren töten. Doch nach dem Tod des Königs kehrten Josef, Maria und das Kind wieder zurück. Sie siedelten in der Stadt Nazaret im Land Galiläa (2,13–23).

Dies ist die Erzählung des Evangelisten Matthäus. Er will damit sagen, dass Jesus ein göttlicher Sohn ist und der eigentliche König seines Landes. Die Sterndeuter aus einem fernen Land hörten von dieser göttlichen Geburt. Die Legende vom Kindermord ist eine Ausschmückung der Erzählung, weil Herodes als grausam galt.

Lukasevangelium

Eine andere Geburtsgeschichte berichtet der Evangelist Lukas, der zwischen 80 und 90 n. C. sein Evangelium in griechischer Sprache verfasste. Er stellt Jesus neben den Täufer Johannes. Die Geburt beider Söhne wurde durch göttliche Boten verheißen. Berühmt ist die Verheißung der Geburt eines göttlichen Sohnes an Maria durch den Engel Gabriel.

Dieser Engel wurde von Gott zu einer „Jungfrau" Maria geschickt. Sie war mit einem Mann aus der großen Königssippe Davids verlobt. Der Engel grüßte die Jungfrau und sagte, sie habe bei Gott Gnade gefunden: „Du wirst ein Kind empfangen, einen Sohn wirst du gebären. Dem sollst du den Namen Jesus geben. Er wird groß sein und ein Sohn des Höchsten genannt werden."

Der Engel sagte weiter, dass er den Thron des Urvaters David bekommen und über das Volk Israel herrschen werde. Und seine Herrschaft werde kein Ende haben (1,26–33).

Maria sagte, sie sei noch mit keinem Mann verheiratet. Daraufhin sprach der göttliche Bote, dass der „Gottesgeist" über sie kommen und sie mit göttlicher Lebenskraft erfüllen werde. Deswegen werde ihr Kind heilig sein und ein „Sohn Gottes" genannt werden. Für Gott sei gar nichts unmöglich, auch ihre Kusine Elisabet sei noch schwanger geworden.

Darauf antwortete Maria, dass sie eine Magd Gottes sei und der Botschaft des Engels zustimme (1,32–38). Diese Verkündigung an Maria ist in der christlichen Kultur in vielen Liedern besungen worden. Es waren die großen Maler, die sie in zärtlicher Weise dargestellt haben. Damit ist Maria zur Identifikationsgestalt für alle Frauen in unserer Kultur geworden, die sich für ein Kind entscheiden.

1

Die Erzählung sagt, dass Maria einen göttlichen Sohn gebären wird. Der wird König in Israel sein, und seine Dynastie wird nicht zu Ende kommen. Danach besucht Maria ihre Kusine Elisabet. Dort singt sie ein großes Loblied auf den göttlichen Schöpfer und Bundesgott, das sog. „Magnifikat". Darin preist sie Gott als Retter der Menschen, denn er hat auf seine niedrige Magd geschaut. Er erbarmt sich über alle Glaubenden und vollbringt große Taten. Die Stolzen bestraft er, die Mächtigen stürzt er von ihren Thronen. Doch die Niedrigen hebt er empor und die Hungernden beschenkt er mit reichen Gaben. So nimmt er sich seines ganzen Volkes an (1,46–56).
Dann wird die Geburt des Täufers geschildert, darauf die Geburt Jesu. Der Autor gibt den römischen Kaiser und den Statthalter von Syrien an. Maria musste sich mit Josef bei einer Volkszählung eintragen lassen. So kam sie in die Stadt Betlehem, dort gebar sie ihren „erstgeborenen Sohn". Sie legte ihn in eine Futterkrippe, weil in der Herberge kein Platz mehr war. Die Hirten lebten eng mit ihren Tieren zusammen.
Nun hörten Hirten auf den Viehweiden die Stimme eines Engels, und sie sahen göttliches Licht. Der Engel verkündete ihnen eine frohe Botschaft, in der Stadt Davids sei ihnen der „Retter" geboren. Der Evangelist nennt ihn den „Gesalbten Gottes" (Messias, griech. Christos) und den „Herrn der Welt". Als Zeichen der göttlichen Geburt werden die Hirten ein Kind in Windeln gewickelt in einer Futterkrippe sehen.
Dann hörten die Hirten viele himmlische Boten (Engel) singen, dass Gott in der Höhe jetzt verherrlicht werde und dass bei den Menschen auf der Erde die Zeit des Friedens beginne. Denn göttliche Gnade werde über die Welt ausgeschüttet (2,1–14). Diese Erzählung ist den griechischen Mysterien nachgebildet, in denen die „Jungfrau" einen Sohn geboren hat (Isismysterien). Jetzt soll unter den Menschen eine Zeit des Friedens beginnen. Doch der göttliche Sohn wohnt nicht in einem königlichen Palast, er liegt in einer Futterkrippe bei den Hirten. Das Heil der Menschen kommt von den Armen und Kleinen, sie haben nun Zugang zur göttlichen Welt.
So gingen die Hirten nach Betlehem, sie fanden dort Maria und Josef sowie das Kind in einer Futterkrippe liegen. Viele Kinder der Hirten wurden in dieser Zeit

in die Futterkrippen gelegt, die Wiege der armen Leute. Nun erzählten die Hirten, was sie von den Engeln gehört hatten. Maria bewahrte diese Worte in ihrem Herzen. Dann lobten die Hirten den Schöpfergott wegen dieser geheimnisvollen Geburt (2,15–20).

Der Autor berichtet noch von einem Beschneidungsritual im Tempel der heiligen Stadt, am achten Tag nach der Geburt. Durch dieses Teilopfer der Penisvorhaut sollte der Knabe dem Bundesgott übergeben werden. Ein Priester bestätigt, dass dieser Knabe der „Gesalbte Gottes" sei. Er werde den vielen Stämmen das Heil bringen und auch den Nichtjuden das göttliche Licht zeigen (2,21–39).

Diese Geburtsgeschichte des Lukas verbindet jüdisches Ritual mit griechischem Denken. Das neugeborene Kind ist ein göttlicher Sohn, der „Gesalbte Gottes". Die Geburt geschah wie in den griechischen Mysterien, nun bricht eine Weltzeit des Friedens an. Der göttliche Sohn ist den Menschen ein Erlöser aus der Schuld und ein Erretter aus dem Bösen.

Jakobusevangelium

Dieses Evangelium entstand unter den Christen im 2. Jh., es wurde aber nicht in die Gruppe der heiligen Schriften aufgenommen. Es erzählt die Kindheit und Jugend Marias: Ihre Eltern, Joachim und Anna, waren reich und fromm. Doch Anna blieb ohne Kinder, sie konnte der Sippe keine Nachkommen gebären. Da zog sie ihr Brautkleid an und begann ein lautes Klagelied vor dem Bundesgott zu singen.

Sie verfluchte ihre eigene Geburt, da sie unfruchtbar war. Denn sie wurde von den Mitmenschen verspottet. Es war die Pflicht jedes gesunden Menschen, Nachkommen in die Welt zu setzen. So schrie sie vor dem Bundesgott ihr ganzes Leid heraus. Da kam ein Engel Gottes zu ihr und verkündete, dass sie noch Mutter werden sollte. Sie war überglücklich, und auch Joachim freute sich sehr.

Nach neun Monaten gebar Anna ihre Tochter Mirjam, die die Griechen Maria nennen. Da stimmte sie ein großes Loblied an und dankte Gott für sein Erbarmen. Joachim veranstaltete ein Festmahl, zu dem er auch die Priester einlud. Als

Maria drei Jahre alt war, wurde sie von den Eltern den Priestern am Tempel zur Erziehung übergeben.
Als sie zwölf Jahre alt war, wurde ihre Verlobung gefeiert. Durch das Los sollte entschieden werden, welcher Mann sie zur Frau bekam. Das Los fiel auf Josef, der schon Frau und Kinder hatte. Doch er nahm sie als weitere Frau in seine Sippe auf.
Nach dieser Verlobung kam ein Engel Gottes zu Maria und verkündete ihr, dass sie schwanger werden sollte: „Die Kraft Gottes wird dich überschatten. Darum wird das Heilige, das aus dir geboren wird, Sohn Gottes genannt werden. Er soll Jesus heißen, denn er wird sein Volk von den Sünden retten." Maria gab ihr Einverständnis.
Als Josef von seiner Arbeit nach Hause kam, da sah er, dass Maria schwanger war. Er war in der Verlobungszeit noch nicht mit ihr sexuell intim. Daher wollte er sie entlassen, denn das Kind konnte nicht von ihm sein. Doch der Bote Gottes sagte zu ihm, dass Maria durch göttliche Kraft schwanger geworden sei. Er solle seinem Sohn den Namen Jesus geben. Das glaubte Josef, und auch er lobte den höchsten Gott.
Doch nun mussten Josef und Maria vor das Blutgericht der Priester, weil Maria in der Verlobungszeit schwanger wurde. Das war streng verboten. Beide mussten sich einem „Gottesurteil" (Ordal) unterziehen. Sie mussten vergiftetes Wasser trinken und in die Berge gehen. Doch das Gift konnte ihnen nichts anhaben, so kehrten sie wohlbehalten wieder zurück. Nun erkannten auch die Priester, dass das Paar ohne Sünde war.
Dann musste Josef mit Maria zur Volkszählung nach Betlehem. Unterwegs lachte Maria, doch bald war sie traurig. Denn sie sah zwei Völker, die Griechen und die Juden, mit ihren Augen. Als die Zeit der Geburt kam, brachte sie Josef in eine Höhle. Seine beiden Söhne mussten die Höhle bewachen. Dann suchte er nach einer Hebamme in der Umgebung. Als die Hebamme in die Höhle trat, da sagte sie, jetzt sei dem Volk Israel das Heil geboren worden. Denn als das Kind geboren wurde, da strahlte helles Licht auf. Bald sog das Kind an der Brust der Mutter.
Nun lobte die Hebamme Gott und sagte zu ihrer Freundin Salome, sie habe noch nie ein derartiges Schauspiel gesehen: „Die Jungfrau hat geboren." Ähn-

liches rief die Priesterin bei den Mysterien der Göttin Isis. Doch Salome glaubte der Hebamme nicht, sie wollte das Geschlecht der Maria mit ihren Fingern berühren (wie Thomas die Wunde des auferstandenen Jesus berühren wollte). Als sie Marias Geschlecht berührte, da wurde ihre Hand vom göttlichen Feuer verbrannt. Doch ein Engel kam und sagte zu Salome, sie solle mit ihrer Hand das Kind berühren. Als sie das tat, wurde sie wieder geheilt.
Nun stimmte Salome ein großes Loblied an: „In Israel ist ein großer König geboren worden." Dann ging sie aus der Höhle hinaus. Danach kamen die Magier aus dem Osten, um nach dem Kind zu suchen. Sie meldeten sich beim König Herodes. Dann fanden sie das Kind in der Höhle und brachten ihm ihre Gaben dar: Gold, Weihrauch und Myrrhe. Als Herodes die jungen Knaben töten wollte, da nahm Maria ihr Kind, wickelte es in Windeln ein und verbarg es in einer Ochsenkrippe. Nun konnten die Krieger des Herodes das Kind nicht finden.
In diesem Evangelium wird die göttliche Geburt ähnlich wie das große Mysterium der Göttin Isis beschrieben. Das göttliche Kind soll die Menschen vom Bösen erlösen, es wird ein großer König in Israel sein. Maria hat als „Jungfrau", erfüllt von der göttlichen Schöpferkraft, ihren Sohn geboren. Viele dieser Texte stimmen mit dem Lukasevangelium überein.

Jesu Geburt im Koran

Auch im Koran, im heiligen Buch der Moslems, wird die Geburt Jesu beschrieben. Im 5. und 6. Jh. wurden große Gruppen von Christen aus dem Römischen Reich vertrieben, weil sie sich nicht in allem den Lehren der Bischöfe anschlossen. Zu ihnen gehörten monophysitische und nestorianische Christen. Sie mussten nach Arabien fliehen, dort wurden sie aufgenommen. Diese Christen hatten ihre Erzählungen von der Geburt Jesu mitgebracht.
Muhamad hatte sowohl mit den Juden als auch mit den Christen einen intensiven Austausch. Daher sind diese Erzählungen in seine Verkündigung und damit in den Koran gekommen. Denn Jesus (Isha) ist auch für die Moslems einer der

Propheten. Aber er ist kein göttlicher „Sohn“, denn es ziemt sich nicht für den Gott Allah, Söhne oder Töchter zu haben.
In der 19. Sure wird erzählt, dass Maria sich von ihrer Sippe an einen Ort im Osten zurückzog. Sie verbarg sich. Da begegnete ihr der göttliche Geist in der Gestalt eines schönen Mannes. Dieser sagte zu ihr, er sei ein Gesandter Gottes, sie werde einen Knaben gebären. Maria gab zur Antwort: „Wie soll ich einen Knaben bekommen, da mich noch kein Mann berührt hat und ich keine Hure bin?“
Doch der Bote sagte, es falle dem Gott leicht, alles das zu tun, was er wolle. Der Sohn soll ein Zeichen für die Menschen sein, um ihnen die Barmherzigkeit zu erweisen. So hatte es Allah beschlossen, und Maria wurde schwanger. Sie zog sich an einen stillen Ort zurück, um zu gebären. In ihren Wehen umfasste sie den Stamm einer Palme und rief in ihrer Not: „Wäre ich doch gestorben oder in Vergessenheit geraten!“
Da wurde der Jesusknabe geboren, er konnte sofort sprechen. Da rief er der Mutter von der Erde aus zu: „Sei nicht traurig! Allah hat für dich ein Rinnsal mit Wasser gemacht. Schüttle den Stamm der Palme, dann werden saftige Datteln herunterfallen. Iss und trink und sei frohen Mutes!“
Der Knabe sagte seiner Mutter, sie solle mit niemandem sprechen, wenn sie in ihre Sippe zurückkehrt. Sie solle sich auf ein Fastengelübde berufen, bei dem man nicht sprechen darf. Dann kehrte Maria mit ihrem Sohn in die Sippe zurück. Als die Leute den Knaben sahen, da machten sie ihr schwere Vorwürfe wegen des ledigen Kindes. Ihr Vater sei doch kein schlechter Mensch und ihre Mutter sei keine Hure gewesen.
Doch Jesus begann als Kind zu sprechen, er verteidigte seine Mutter. Dabei nannte er sich einen Propheten, dem Gott die Schrift gegeben hat. Wo er auftritt, dort werde Segen sein. Die Menschen sollen das Gebet verrichten, die Almosensteuer bezahlen und ihre Mütter ehren. Dann segnet er den Tag, an dem er geboren wurde, an dem er sterben und zum ewigen Leben auferstehen wird.
In dieser Deutung ist Maria eine fromme Muslimin, die sich dem Willen Gottes hingibt. Die Lehre von der Jungfrauengeburt ist im arabischen Denken schwer zu vermitteln. Ein lediges Kind ist eine Schande für die Sippe. Jesus selbst wird

als Prophet Allahs gesehen, der den Menschen Segen bringt (Sure 19, Verse 16–33). Nach der dritten Sure verkündet der Engel Gottes der Maria ein Wort, dessen Name Jesus Christus ist. Er wird ihr Sohn sein, denn er wird im Diesseits und im Jenseits angesehen sein. Er wird Gott nahe stehen. Schon als Kind wird er zu den Erwachsenen sprechen, er wird rechtschaffen leben. Maria fragt, wie sie ohne einen Mann ein Kind bekommen soll. Da sagt der Engel zu ihr, Gott schaffe, was er wolle. Wenn er eine Sache beschlossen hat, dann führt er sie mit seinem magischen Wort aus. So wird Jesus die Schrift, das Gesetz und das Evangelium lehren (VV. 45–48).

Lehre der Theologen

Für die frühen Christen aus der jüdischen Kultur war Jesus ein besonderer Mensch, der Versöhnung und Nächstenliebe gepredigt hat. Und er hat sie auch gelebt, deswegen nennen sie ihn einen besonderen „Sohn Gottes". Andere sagen, er sein ein besonderer „Menschensohn", der den Menschen die Erlösung aus der Herrschaft des Bösen bringen werde.
Die Christen, die aus der griechischen Kultur kamen, haben versucht, die Besonderheit der Person Jesus in ihren Vorstellungen auszusagen. Dabei nehmen sie Anleihen bei der griechischen Philosophie, wie Paulus von Tarsos oder Klemens von Alexandria. Sie sagen, in Jesus sei in besonderer Weise die göttliche „Weltvernunft" (Logos) gegenwärtig geworden.
Paulus von Tarsos nennt Jesus stereotyp den „Gesalbten" Gottes (Christos), durch ihn sei ein Vollmaß an göttlicher Gnade in diese Welt gekommen.
Er zitiert ein frühes Lied (Phil 2,5–11), in dem es heißt: „Der Gesalbte Gottes war dem einen Gott gleich. Aber er hielt nicht daran fest, wie Gott zu sein." Für die stoische Lehre war der weise und tugendhafte Mensch dem einen Gott gleich. Im Lied heißt es weiter: „Der Gesalbte entäußerte sich und wurde wie ein Sklave. Er wurde den Menschen gleich, er lebte wie ein Mensch. Er erniedrigte sich und war gehorsam bis zum Tod, ja bis zum Tod am Kreuz." Dies scheint der Kernsatz des frühen Christentums zu sein: Der am Kreuz gehenkte Jesus war

ein Freund der Menschen, ein göttlicher Sohn, der große „Gesalbte" Gottes. Der im Geist und in der Tugend Adlige wurde ein niedriger Mensch, wie ein Sklave. Das Lied fährt dann weiter fort: „Darum hat Gott ihn über alle erhöht. Er hat ihm einen Namen gegeben, der größer ist als alle Namen. Im Himmel, auf der Erde und unter der Erde sollen alle vor dem Namen Jesus die Knie beugen. Und jeder Mensch soll bekennen, dass der Gesalbte Jesus der einzige Weltherrscher ist, zur Ehre des göttlichen Vaters."

Dieses Lied enthält schon das ganze christliche Programm: Der gekreuzigte Jesus wurde vom einen Weltgott zum neuen Weltherrscher eingesetzt. Alle Wesen in den drei Dimensionen sollen ihn anbeten. Denn er ist der neue Weltherr (Kyrios), nicht der Kaiser in Rom. Der Gehenkte wird über alle seine Henker siegen! Dies ist eine Kampfansage gegen das Römische Reich und seinen Kaiser.

So sagt dieses Lied, dass das Göttliche mit den Gehenkten und Gescheiterten ist, nicht mit den Großen. Jesus sei zu Unrecht verurteilt worden Die Geburtsgeschichte sagt, dass sich das Göttliche in der niedrigen Geburt bei den Hirten zeigt, nicht in den königlichen Palästen. Der eine Weltgott ist bei den Kleinen, den Armen, den Unterdrückten, den Leidenden und Gescheiterten.

Paulus von Tarsos wird nicht müde zu sagen, dass die „Torheit des Kreuzes" der Weisheit der Stärkeren gegenüberstehe. Das ist eine Kampfansage gegen die Herrschenden, im Namen und unter dem Deckmantel der Religion. Die unteren sozialen Schichten sagen mit Entschiedenheit, dass der eine Weltgott mit ihnen sei. So hatte es schon Maria in ihrem großen Loblied gesungen.

Das Erbe der Gottmenschen

Die frühen Christen sagen bald, dass in Jesus von Nazaret der eine Weltgott ein Mensch geworden sei. Dies war für die Menschen der griechischen Kultur nichts Fremdes, denn in ihr gab es viele göttliche Menschen bzw. „Gottmenschen". Dies hieß für sie, das eine Göttliche zeigte sich in einigen Menschen auf konzentrierte Weise. Die berühmten Gottmenschen der griechischen Kultur sind: Dionysos, Herakles, Asklepios.

Alle drei haben einen göttlichen Vater und eine menschliche Mutter: Semele, Alkmene, Koronis. Dionysos schenkte den Menschen den Wein, die sinnliche Berauschung und die Ekstase. Herakles hat den Menschen viele neue Kulturtechniken gezeigt, er hat bis zum Ende gegen das Böse gekämpft. Und Asklepios brachte den Menschen die Kunst der Heilung von vielen Krankheiten.
Einige Legenden sehen auch im Heerführer Alexander einen göttlichen Menschen, der von einer Jungfrau geboren wurde. Er hat viele Reiche zerstört und ein neues geschaffen. Andere sehen im Philosophen Platon einen göttlichen Menschen, der die volle Weisheit und Tugend lehrte. Auch er sei von einer Jungfrau geboren worden.
Diese Gottmenschen kennen die frühen Christen aus der griechischen Kultur. Daher sagen sie, Jesus sei größer als Dionysos, als Herakles, als Asklepios. Sie legen ihm viele Worte dieser Gottmenschen in den Mund: „Ich bin der Weinstock, ihr seid die Reben. Ich bin der Weg, die Wahrheit und das Leben"; das sagte Dionysos häufig. „Es ist vollbracht", rief Herakles am Ende seines Lebens. Und wie Herakles habe Jesus den Höllenhund besiegt.
So ist für die frühen Christen Jesus aus Nazaret der neue Herakles, der neue Dionysos, der neue Asklepios. Er beerbt die Gottmenschen und Götter der griechischen Kultur. Wie die Gottmenschen zwei Naturen hatten, eine göttliche und eine menschliche, so auch Jesus. Für andere ist Jesus die Fleisch gewordene „Weltvernunft" (Logos).

Die Menschwerdung Gottes

Eine frühe Lehre der Menschwerdung Gottes findet sich im Prolog des Johannesevangeliums. Dieses stammt aus griechischem Denken, es dürfte um 100 n. C. verfasst worden sein. Der Autor (bzw. die Autoren) sind zum Teil in der griechischen Philosophie gebildet, vor allem in der Lehre der Stoiker.
„Am Anfang war der Logos, dieser war bei Gott. Der Logos war Gott" (1,1). Dies ist die stoische Lehre seit 300 Jahren: Die göttliche Weltvernunft (Logos), von

der vor 600 Jahren schon der Philosoph Heraklit gesprochen hatte, war am Anfang von allem. Sie zeigt sich uns als „feuriges Denken", als Feuer und Geist. 50 Jahre zuvor hatte der jüdische Philosoph Philo von Alexandria den göttlichen Logos dem jüdischen Weltgott zugeordnet. Damit hatte er die christliche Gotteslehre vorbereitet.

Der Christ Johannes sagt nun, dass die göttliche Weltvernunft, die den Kosmos ordnete, am Anfang beim einen Weltgott war, ja, dass sie mit ihm identisch ist. Sie verwirklicht sich im Denken und Sprechen Gottes. Der göttliche Schöpfer erdachte den Kosmos und erschuf ihn durch sein machtvolles Wort. Denn sein Wesen ist feuriges Denken. Alles im Kosmos und in der Menschenwelt ist vom göttlichen Logos geordnet worden.

In ihm war das Leben aller Lebewesen und der Menschen, war das göttliche Licht, das in der Dunkelheit menschlichen Daseins leuchtete. Doch die dämonischen Mächte der Finsternis haben die göttlichen Kräfte des Lichtes nicht verstanden. Ein göttlicher Bote (Johannes) sollte vom großen Licht Zeugnis ablegen, das in die Menschenwelt kommen sollte (Joh 1,2–8).

Dann kam das große göttliche Licht in die Welt, das jeden Menschen zu erleuchten vermag. Der Kosmos ist durch dieses Licht geworden. Doch die Menschen in der Finsternis haben dieses Licht nicht erkannt. Das ist christliche Gnosis, nach der die Kräfte der Finsternis gegen die Mächte des Lichtes einen kosmischen Kampf führen.

Mit dem Licht ist die göttliche Weltvernunft in die Menschenwelt gekommen. Durch jene ist der Kosmos geworden, doch die Menschen haben sie nicht erkannt. Nun wird bereits erkennbar, dass dieser Hymnus den göttlichen Logos mit Jesus von Nazaret gleichsetzt: In Jesus ist die Weltvernunft ein Mensch geworden!

Jesus kam zu seinem jüdischen Volk, doch dieses nahm ihn nicht als Messias an. In dieser Zeit um 100 n. C. trennte sich die jüdische Synagoge von den Christen. Die aber den göttlichen Logos in der Person Jesu glaubend annehmen, werden „Kinder" des einen Weltgottes. Durch ein Ritual der Taufe werden sie aus der Gottheit neu geboren. Diese Geburt ist nicht mehr abhängig von Fleisch und Blut und Geschlecht.

So hat die göttliche Weltvernunft im Menschen Jesus Fleisch angenommen, sie ist Mensch geworden und hat unter uns gewohnt. Die Glaubenden sehen die Größe und Herrlichkeit des göttlichen Sohnes, voll Gnade und Wahrheit. Der Mensch Jesus ist für die Christen ein göttlicher Sohn und der Fleisch gewordene Logos, der „Gesalbte Gottes".
Kein Mensch hat die Gottheit je gesehen, nur der göttliche Logos schaut den Weltgott. Er hat uns Menschen die letzte Kunde vom göttlichen „Vater" gebracht (Joh 1,10–17). In diesem Hymnus wird in griechischem Denken die Menschwerdung des einen Weltgottes besungen. Wie Zeus in Herakles und Dionysos ein „Gottmensch" wurde, so wird Jahwe in Jesus ein Gottmensch. Das war für die Griechen nicht fremd.
Doch die Christen sagen bald, die göttliche Menschwerdung in Jesus sei die letzte und die höchste, ja sie sei die einzige. Schon früh beginnen sie, den gekreuzigten Jesus als göttlichen Sohn zu sehen. Dieser Monopolanspruch sollte die Niedrigkeit und das Scheitern Jesu ausgleichen. Das war auch für die Griechen ungewöhnlich, dass ein Gekreuzigter ein göttlicher Sohn sei. Aber die Christen waren überzeugt, dass Jesus zu Unrecht getötet wurde, ja, dass er aufgrund seiner Lehre und seines Lebens ein göttlicher Mensch gewesen sein muss.

2. Lehren der Kirchen

Die christlichen Theologen haben nun das Geheimnis der göttlichen Geburt schrittweise weiterentfaltet, in der Denkweise der griechischen Kultur. Paulus von Tarsos nennt Jesus den „Sohn Gottes". Doch er nennt alle Menschen, die sich von der göttlichen Lebenskraft (Pneuma) leiten lassen, „Söhne Gottes" (Röm 8,14). Darin sind die Frauen als „Töchter Gottes" eingeschlossen. Denn die göttliche Lebenskraft macht die Glaubenden zu Söhnen und Töchtern des einen Weltgottes. Sie dürfen ihn nun „Vater" (hebr. Abba) nennen.

Paulus aus Tarsos

Der Gottesgeist zeigt uns Menschen, dass wir allesamt „Kinder und Erben" des Weltgottes sind. Als solche sind wir aber „Miterben" des Gesalbten Jesus. Wir erben dann die Größe und Herrlichkeit dieses „Gottessohnes", wenn wir mit ihm Leiden ertragen (Röm 8,15–17). Das Ertragen der Leiden dieser Zeit verwandelt unser Leben und lässt uns an der göttlichen Welt teilhaftig werden. Der erste, der diesen Weg gegangen ist, ist Jesus aus Nazaret. Damit ist er der erste „Sohn Gottes", der Erstgeborene unter vielen Brüdern (Röm 8,29). Wir werden an seinem Wesen und an seiner verwandelten Gestalt Anteil haben.

So sieht der erste christliche Autor die Rolle des Gottmenschen Jesus: Dieser zieht die anderen Menschen nach sich in die göttliche Dimension hinein. Ein anderes Lied aus der Schule des Paulus sagt, dass die Gläubigen durch den Gottmenschen Jesus mit göttlicher Schöpferkraft (Pneuma) gesegnet werden, dass sie vom Anfang der Welt durch den Schöpfergott auserwählt und zu seinen „Söhnen" (und „Töchtern") bestimmt worden sind. Doch sie müssen moralisch untadelig leben und den Mitmenschen Gutes tun.

Durch das Blutopfer des ersten Gottessohnes sind sie von ihren Sünden erlöst, sie leben in der göttlichen Gnade. So sind sie mit Weisheit beschenkt und

kennen den göttlichen Willen. Mit Jesus kam die Fülle der Zeit, Himmel und Erde haben sich vereinigt. Die Gläubigen sind zu Erben der göttlichen Kindschaft eingesetzt worden (Eph 1,3–12). Anders gesagt, im Menschensohn Jesus ist das Göttliche den Menschen näher gekommen.
Ein weiteres Lied aus der Schule des Paulus findet sich im Brief an die Kolosser. Dort heißt es, dass der göttliche Vater die Christen aus dem Reich der Finsternis entrissen und in das Reich seines geliebten Sohnes (Jesus) versetzt hat. Er ist das Abbild des unsichtbaren Weltgottes, der Erstgeborene der ganzen Schöpfung. In ihm (wie im göttlichen Logos) ist alles erschaffen worden, das Sichtbare und das Unsichtbare.
Was die Griechen bisher von der göttlichen Weltvernunft (Logos) gesagt haben, das sagen stoisch gebildete Christen jetzt von ihrem Gottmenschen Jesus: Er sei der Ursprung der Schöpfung, alles sei auf ihn hin geschaffen worden. Außerdem sei er der Erstgeborene aus den Toten, in ihm wohne der Weltgott in seiner Fülle. Denn durch sein Blutopfer am Kreuz habe er den Frieden gestiftet zwischen Himmel und Erde (Kol 1,12–20).

Frühe Theologen

Ähnlich sagen es auch andere frühchristliche Schriften. Der „Gottmensch" Jesus sei der Vermittler zwischen dem Weltgott und den Menschen, das Göttliche sei der Menschenwelt näher gekommen. Ignatios von Antiochia nennt den Gottmenschen „geboren aus Maria und aus Gott, geboren und ungeboren" (Eph 7,2). Der Hirt des Hermas nennt Jesus den „Sohn Gottes", der als göttliche Lebenskraft (Pneuma) im Fleisch der Menschen Wohnung genommen habe. Er sei der höchste der sieben Engel, seine menschliche Natur sei vom Weltgott adoptiert worden (Sim. 5; 9; 12).
Justinos will mit klugen Argumenten die Göttlichkeit Jesu beweisen. Im Gesalbten Jesus sei die göttliche Weltvernunft in ihrer Fülle erschienen. Doch jeder Mensch habe in sich einen Keim dieser Weltvernunft. Bei den Philosophen sei dieser Keim besonders weit entwickelt, sie seien schon vor Jesus „Christen"

Gloria · in excelsis deo

gewesen (1. Apologie 46). Athenagoras sagte, Jesus habe als Verstand (Nous) und als Weltvernunft (Logos) im Weltgott gelebt, er sei kein Geschöpf des Gottes (Über die Auferstehung 8).

Theophilos aus Antiochia spricht als erster von einer göttlichen Dreiheit (trias), nämlich Vater, Sohn und Weisheit. Damit sollte die altrömische Göttertrinität (Jupiter, Juno, Minerva) abgelöst werden. Irenaios lehrt, dass nur ein „Gottmensch" zur Erlösung der Menschheit befähigt sei. Der Gesalbte Gottes sei ein Mensch geworden, damit die Menschheit „vergöttlicht" werde. Im Gottessohn Jesus werden die ganze Menschheit und der Kosmos wiederhergestellt und vollendet (Eph 1,10; Adv. Haereses 3,18,1). Die Menschen rücken dem Göttlichen näher.

Der Afrikaner Tertullian lehrt, der göttliche Sohn sei nicht ewig, er habe nur einen Teil der Gottheit. Allein der göttliche Vater habe die Fülle der Gottheit (Prax. 9). Im Gottessohn Jesus seien zwei Naturen, eine göttliche und eine menschliche. Aber er sei als eine einzige Person zu sehen (Prax. 27). Ähnliches hatten die Griechen von ihren Gottmenschen gesagt. Lactantius schreibt, der göttliche Sohn sei identisch mit dem Schöpfergeist. Der Weltgott habe noch einen zweiten Sohn gezeugt, doch dieser sündigte und wurde zum Teufel (Inst. 2,8).

Der Grieche Origenes lehrte, die göttliche Weltvernunft habe einen wahren Körper angenommen, er sei ein Gottmensch (theanthropos). Doch er sei dem göttlichen Vater untergeordnet; es sei nicht das volle Gute, sondern nur ein Bild der höchsten Idee des Guten (Gegen Kelsos 5,39). Der Bischof Athanasios lehrte, wenn Jesus der Sohn Gottes sei, dann sei er mit dem Wesen Gottes identisch. Mit der Geburt Jesu sei der Weltgott in die Menschenwelt eingegangen, um diese zu vergöttlichen (Or. Ar. 1,39).

Gregor von Nazianz betont, dass sich im Gesalbten Gottes zwei Naturen vereinigen, die göttliche und die menschliche. Seine Mutter sei eine wahre „Gottesgebärerin" (theotokos). Auch für Gregor von Nyssa hat sich der göttliche Logos aus dem Fleisch der Jungfrau selbst ein „Gottesgefäß" geformt (Eun. 3,3,63). Johannes Chrysostomos sagt, die göttliche Weltvernunft habe im Menschen Jesus wie in einem Tempel gewohnt (Ps 44,3).

Bischof Augustinus von Hippo lehrte, in der einen göttlichen Wesenheit (essentia) existieren drei Personen. Durch einen Denkakt zeugt der göttliche

Vater den Sohn; und der göttliche Geist sei die Person gewordene Liebe zwischen dem Vater und dem Sohn (De trinitate 2,17,32). Im Gottmenschen Jesus seien zwei Naturen vereint, er sei ein Gott und ein Mensch (Sermo 130,3). Maximus Confessor sieht den göttlichen Logos Jesus als Mittelpunkt der Weltgeschichte. Die Zeit vor ihm sei Vorbereitung auf die göttliche „Menschwerdung" (sarkosis). Die Zeit nach ihm sei von der „Vergöttlichung" (theosis) der Menschen bestimmt.

Das sind die Grundlehren der frühen Theologen. Doch viele deuteten das Leben Jesu anders: Der Theologe Areios lehrte, der göttliche Sohn Jesus habe sein Dasein vom göttlichen Vater empfangen. Er sei ein Geschöpf und gehe nicht aus dem Wesen des Vaters hervor. So sei er dem Vater nicht gleich, nur ähnlich. Denn er sei aus dem Nichts erschaffen worden, folglich veränderlich und fehlbar. Nur der göttliche Vater sei unveränderlich und unfehlbar.

Der göttliche Logos Jesus sei nur durch Teilhabe ein Sohn Gottes, wie wir Menschen auch. Er sei nicht identisch mit der Weltvernunft des göttlichen Vaters und hat auch nicht dessen Weisheit. Vielmehr sei er dem göttlichen Vater untergeordnet und kenne diesen nicht vollständig. Große Teile der alten Kirche sind dieser Lehre gefolgt, bis sie mit militärischer Gewalt verboten wurde.

Nun sagen die meisten Theologen, die Menschwerdung Gottes sei aus Liebe zu uns Menschen geschehen. Der unbegreifliche Gott sei in die Niedrigkeit des menschlichen Daseins hinabgestiegen, er habe sich mit der Hülle der menschlichen Natur umkleidet. Die Liebe zu uns Menschen sei das große Merkmal der Gottheit. Unsere kranke Natur bedurfte des göttlichen Arztes, denn dieser hat die gefallenen Sünder wieder aufgerichtet. Als das göttliche Licht in unsere Finsternis kam, wurden wir von der Macht des Bösen befreit (Gregor von Nyssa, Große Katechese 14).

Theodoret von Kyros sieht in der Menschwerdung des Erlösers den größten Beweis der göttlichen Fürsorge für uns Menschen. Der Gottgleiche, der Abglanz des göttlichen Lichtes, habe die Gestalt eines Sklaven angenommen. Er sei im Äußeren wie ein gewöhnlicher Mensch aufgetreten, er habe unsere Gebrechen auf sich genommen. Gott habe die Menschenwelt so sehr geliebt, dass er seinen einzigen Sohn für uns hingab (Joh 3,17; Von der göttlichen Vorsehung 10).

Fragen der Philosophen

Doch die griechischen und römischen Philosophen der Spätantike dachten anders über Jesus, sofern sie von ihm hörten. Tacitus und Suetonius sahen in ihm den Gründer einer abergläubigen Sekte aus dem Osten. Galenus schätzt die hohe Ethik und Moral der Christen, doch ihre Lehre sieht er als zutiefst unvernünftig an.
Der Philosoph Kelsos sagte, Jesus sei ein Magier gewesen, deswegen habe er Wunder gewirkt. Die Kunst der Magie habe er in Ägypten gelernt. Er sei der uneheliche Sohn der Maria und des römischen Soldaten Panthera gewesen. Von einer „Menschwerdung" Gottes könne keine Rede sein. Denn warum habe der eine Weltgott nicht früher die Menschen aus der Macht des Bösen erlöst? Jesus sei nur ein Mensch, aber kein göttliches Wesen (Origenes, Gegen Kelsos).
Der neuplatonische Denker Porphyrios schätzt die hohe Ethik Jesu und der Christen. Er zählt Jesus zu den Helden und Weisen, die von ihren Anhängern nach ihrem Tod vergöttlicht wurden. Dieser war ein frommer Mann, doch die Christen haben ihn aus Irrtum und Torheit zu einem Gott erklärt. Deswegen sind sie höchst intolerant zu anderen, wenn sie glauben, sie allein hätten die volle Wahrheit. Jesus sollte als weiser und frommer Mensch verehrt werden, aber nicht mehr (Philosophie aus Orakeln).
Kaiser Julian war umfassend in der Philosophie gebildet, er kannte auch die christlichen Lehren. So war er überzeugt, dass Jesus ein wertvoller Mensch war; doch er war kein Gott. Der jüdische Gott sei nicht der Weltgott, er sei ein Volksgott unter vielen. Warum sollte der Weltgott nur die Christen zum Heil erwählt haben und die anderen Menschen nicht? Was ist das für ein Gott, der die Mehrheit der Menschen in der Finsternis belässt (Gegen die Galiläer).
Die Philosophen bestreiten entschieden den Monopolanspruch der Christen. Denn das unfassbare göttliche Geheimnis kann man nicht auf eine einzige Weise aussagen (Senator Symachus). Doch die Christen haben die Bücher ihrer Kritiker verbrannt, um sie zum Verstummen zu zwingen. Heute sind diese Fragen aber wieder sehr aktuell geworden, wir müssen sie von neuem bedenken und diskutieren.

3. Das Fest der Sehnsucht

Licht ins Dunkel

Das christliche Weihnachtsfest fällt regelmäßig in die nasskalte, dunkle Jahreszeit: ausufernde Nächte, kurze Tage mit mattem Licht ohne Energie. Von unseren Großeltern und aus archivierten Wetterberichten von Vorvorgestern ist zu erfahren, dass es „damals" jene „weiße Weihnacht" eher gab, die wir heute als kostspielige Rarität im Gebirge suchen. Freilich, der Schnee wirkt an den Wintertagen auf Augen und Gemüt wie gefrorenes Licht; wie eine erhellende Leihgabe des Himmels, um uns wach zu halten an schummrigen Tagen. Meistens erleben jedoch die meisten von uns Mitteleuropäern Weihnachten ohne diese himmlische Leihgabe, dafür mit Windböen und Glatteisgefahr.

Umso stärker ist die Sehnsucht nach Licht, Energie und klarer Luft. Reisebüros und Sonnenstudios, Kurse für autogenes Training und Meditation sind gesucht im Dezember. Ihre Angebote versprechen Ausstieg nicht nur aus dem „Schmuddelwetter"; sie stellen Gesundheit und Lebensfreude in Aussicht. Sie versprechen „Licht ins Dunkel" zu bringen, so dass das tagtägliche Leben wieder an Strahlkraft gewinnt. Das hat seine berechtigte Sogwirkung angesichts eines Dezembermilieus mit „grippalen" und depressiven Effekten in beinahe jedermann.

Aber nicht nur die Sonnenstudios, Restaurants und Reisebüros verbuchen gesteigerte Konjunktur, sondern auch die Kirchen mit ihren adventlichen Feiern und Angeboten des Gemeindelebens. Alljährlich steigt im Advent der Kirchenbesuch deutlich an, um am „Heiligen Abend" zur Christmette viele Millionen von Menschen zusammenzuführen. Um was zu feiern? – Lassen wir die Antwort dazu noch offen, dann kann uns die Frage „Was wird an Weihnachten gefeiert?" auf die Spur jenes Geheimnisses bringen, das Weihnachten seit Jahrhunderten umgibt. So viel lässt sich zum Weihnachtsfest aussagen: Es fällt nicht nur „alle Jahre wieder" in eine nasskalte, dunkle Jahreszeit, sondern es ist im christlich-kirchlichen Kalendarium bewusst als liturgischer Kontrapunkt und sinnfälliges Hochfest in diese Dunkeltage des Jahres hinein verankert. Bereits darum kommt Weihnachten als Mysterienfeier der spontanen, natürlichen Sehnsucht des Menschen entgegen: dem Sich-Sehnen nach Licht, Energie und Lebensfreude, trotz verdunkelter Tage und verlängerter Nächte.

Allein schon dadurch, dass Weihnachten auf die Dunkeltage des Dezembers fällt, wirkt es als Kontrapunkt; signalisiert es einen Tief- *und* Wendepunkt im periodischen Wandel vom Dunkel zum Licht. Das Fest der Weih-Nacht bringt Licht ins Dunkel. Das wird sinnfällig durch den festlich erleuchteten Kirchenraum, durch den warmen Flackerglanz der Kerzen, die in den letzten Jahren ihr stillschweigendes Comeback feiern. Das wird hörbar durch die Klangfarbe der Choräle und Gesänge, die sanft und durchtragend den Hörer mitnehmen in eine andere, alttestamentliche Zeit der Patriarchen, Propheten und Wunder. Das wird dem, der an der weihnachtlichen Liturgie teilnimmt, vernehmbar durch die bald gelesenen, bald gesungenen Texte der Heiligen Schrift.

Das Ensemble von Kerzenlicht, Gesang und Klang, liturgischer Feier mit vernehmbarem Wort und anschaulich sakramentaler Handlung erwirkt beim Mitfeiernden schließlich ein szenisches Verstehen von Mysterium, eine Ahnung des Numinosen, eine innere Anteilnahme an einer äußerlichen programmatisch verlaufenden liturgischen Feier. Kann sein, dass in einem zeitlosen Moment der Verzauberung der Kirchenbesucher Kirche anders erlebt: als Raum der aufgehobenen Entfremdung; als Ort, an dem die geheimnishafte Kehr-Seite allen Lebens und Sterbens aufkommen und das Wunder seinen Platz finden darf. Wem eine solche Geistes- und Gemütshaltung widerfährt, für den wird Weihnachten zum Kairos: zum Ausstieg aus nasskalter Arbeitszeit, zum Einstieg in eine „unendliche Geschichte“, die mit den Menschen beziehungsstark zu formen Gott nicht aufhört.

Von diesem geheimnishaften Gott, dem Menschen unendlich fern und zugleich unermesslich nahe, erzählt die „Frohe Botschaft“ der Weihnachtsevangelien. Von ihm, dem Emanuel (hebr.: Gott mit uns), kündet Weihnachten. Gott auf die Spur zu kommen, ist das Allerpackendste, das einem Menschenleben geschehen kann. Wer dem Gott Emanuel auf die Spur kommt, der kommt auch dem Menschen, genauerhin sich selbst, auf die Spur: seinem Geschick, Mensch zu sein, und seiner einmaligen Chance, ein Mensch zu werden unter dem Anspruch des Ewigen. So kann Weihnachten zum Kairos werden, zur „geglückten Zeit“ also, in der sich gerade uns Menschen von heute eine zeitlose Botschaft erschließt, die uns Licht wirft ins Dunkel unserer nasskalten Dezemberexistenz.

Magier aus dem Morgenland

Dem Gott Emanuel auf die Spur zu kommen, dafür nahmen die „Magier aus dem Morgenland“ einen langen Weg der Annäherung auf sich. Allein das Evangelium nach Matthäus erzählt von diesen Gottessuchern aus dem Osten. Manche Experten sind der Auffassung, dass sie aus Persien herübergezogen seien und womöglich der dortigen Priesterkaste angehörten. Darauf mag hindeuten, dass das Evangelium sie Magoi (d. h. Große, Mächtige) nennt, die ihren astronomischen Kenntnissen vertrauen: Sie folgen beharrlich einem neuen Stern. „Und siehe der Stern, den sie im Morgenland gesehen hatten, ging vor ihnen her, bis er über dem Ort stand, wo das Kind war“ (Mt 2,96).
Man kann diese Darstellung der „Sternenwanderung“ als fromme Legendenbildung abtun oder sie ernst nehmen. Immer dann, wenn man einen Menschen, ein Kunstwerk oder einen biblischen Text ernst nimmt, geschieht Enthüllung: Etwas zeigt sich überraschend, spricht sich unerwartet zu und nimmt Beziehung auf mit dem, der „es“ zulässt, weil er „es“ unvoreingenommen gelten lässt. Gelten lassen im Sinn von: anerkennen, was gerade da ist, geht realerweise jedem Vertrauen und Glauben voraus. Gelten lassen, diese intrapsychisch-mentale Disposition, bewirkt konkrete Freiheit: als Freiwerden zur eigenen Wahrnehmung und Intuition, als Auftauchen des eigenen Urteilsvermögens, als Erspüren der Botschaft des Anderen, dessen Zuspruch umso vernehmlicher wird, je ungetrübter der Hörer/Leser hört. Ein solches Hören wird zum Lauschen an der Grenze zum „Unerhörten“.

So verstanden sind die Magoi Grenzgänger und Erfinder. Die heutigen Erfinder betätigen sich zumeist als Konstrukteure und Extrapolateure. Sie manipulieren am Vorhandenen, um ihm neue Funktionen, Konstitutionen, Mutationen usw. abzugewinnen. So erbringen sie ihre wissenschaftlichen Beiträge zur „menschengemachten Welt". Prinzipiell anders verhält es sich mit dem Erfindertum der „Magier aus dem Morgenland". Sie erfinden nichts „dazu", sondern sie lassen beharrlich zu, dass das Andere und Geahnte sich ihnen entdeckt und lokalisiert. Spätestens hier wird die Vermutung unabweisbar, dass deren Pioniergeist und spezielles Erfindertum in Korrelation geschieht zu dem, was sie schließlich finden, begrüßen, bedanken und beinahe verraten.

Zunächst einmal wird beim Hinhorchen auf die biblische Erzählung zweierlei aussagekräftig: Die Magoi kommen aus dem Osten und ziehen auf ihrer Spurensuche nach Westen. In den „alten" Sprachen (Hebräisch, Griechisch, Latein) der mediterranen Antike kommt dem Wort für „Osten" auch jeweils die Bedeutung zu: Ursprung, Erhebung, Entstehung. Bei Sonnenuntergang ziehen zusammen mit der aufkommenden Dunkelheit die Gestirne im Osten auf. Ihre Wanderung nach Westen bestimmt die Stunden der Nacht, solange, bis sie im Westen versinken, während im Osten die Sonne aufsteigt. Das ist der dynamische Rhythmus von Sonne, Mond und Sternen im andauernden Wechsel von Nacht und Tag. Die Magoi sind erfinderische Protagonisten des Ursprungs. Sie wissen, astronomisch geschult, um die allnächtlich sich wiederholende „Revolution der Gestirne", aber auch um deren berechenbare, signifikante Verschiebungen, die das Mondjahr als solches gestalten.

Das Zweite und vielleicht Entscheidende, was an den Magoi auffällt, ist, worin sie sich von den zeitgenössischen Erfindern unterscheiden: Sie „machen" keine Erfindungen, sondern es entdeckt sich ihnen, aus den unendlichen Räumen des Kosmos, gleichsam als stella nova, „sein Stern": der Stern des „neugeborenen Königs der Juden" (vgl. Mt 2,2). Die „Sterndeutung" der „Mächtigen aus dem Ursprung" ist übrigens keine angewandte Astrologie, die gemeinhin „Sternbilder", also Kombinationen von Gestirnen, fatal deutet. Die singuläre Entdeckung, die den Magoi zuteil wurde, veranlasst sie auch zu keiner Deutung im zyklischen Sinn einer „ewigen Wiederkehr des Gleichen". Weil aber die nächtliche Himmelserscheinung von den „Weisen aus dem Morgenland“ nicht als bloß zufällig und sinnlos abgetan wird, deshalb kann für sie eine Entdeckungsreise besonderer Art beginnen. Deshalb, weil sie gelten lassen, was ihnen neu vom Nachthimmel her entgegenscheint, wird ihnen schließlich eine unvergleichliche Begegnung zuteil.

Der Zug der Magier folgt dem neuen Stern auf seiner Wanderung nach Westen. Offenbar waren sie längst schon mit jüdischen Königs- bzw. Messiasprophetien in Berührung gekommen. Sie deuten nämlich, in Jerusalem angekommen, den Stern als Bezeichner für die Geburt und den Geburtsort des Messiaskönigs. Die Ankunft der Magoi und ihre Botschaft lässt Herodes, den römischen Vasallenkönig, erschreckt nachfragen, wo dieser Geburtsort sein könnte. „Hohepriester und Schriftgelehrte“ befragten sogleich die Prophetenbücher – und wurden fündig: Sie stoßen auf „Betlehem im jüdischen Lande, ... in Juda“ (Mt 2,6). Herodes gibt diesen Fund an die Fremden weiter, und zwar in der perfiden Absicht, den möglichen Thronrivalen durch diese ausforschen zu lassen, um ihn zu morden. Das Matthäusevangelium erzählt sowohl von dieser lebensgefährlichen Intrige als auch von deren Scheitern: Die Magoi finden „dank“ Herodes in Betlehem den „neugeborenen König der Juden“ und huldigen ihm standesgemäß mit Gold, Weihrauch und Myrrhe. „Und Gott befahl ihnen im Traum, nicht wieder zu Herodes zurückzukehren; und sie zogen auf einem anderen Weg wieder in ihr Land“ (Mt 2,12).

So endet diese biblische Passage, die etwas von einem Puzzlespiel an sich hat: Verschiedene Motive, Suchbewegungen, Zeichen und Deutungen wirken – von den Akteuren ungewollt – derart kombinativ zueinander, dass sie schließlich in einem anschaulichen Ergebnis einmünden: Die Magoi begegnen in Betlehem dem „neugeborenen König der Juden“, und sie huldigen ihm mit symbolischen Gaben. Am Ende der „Sternenwanderung“ geschieht den Wanderern der Kairos der Begegnung mit dem Messiaskönig. Jeder Kairos ist „flüchtig“ wie ein Windhauch, wie ein Traum. Auch die Magoi erleben das, meiden eilig den Widersacher Herodes und ziehen sich unversehens dorthin zurück, woher sie auszogen: dem Ursprung, dem Osten.

Für uns „westliche“ Menschen, inmitten alltäglicher Lebensbewältigung mit Atempausen, könnte diese seltsame Geschichte ein Verständnis anbahnen für das Numinose, das zu Weihnachten gefeiert wird. In dieser interpretativen Funktion wird die biblische Erzählung vom „Zug der Magier" selbst zu einer Art „Stern", der Weihnachten erhellt.

Geburtsort der Verheißung

Die Magoi aus dem Osten folgten dem Stern beharrlich wie einer sicheren, jedoch unerschlossenen Verheißung. Als sie ihm nachspürten, da erschloss sich ihnen seine Signifikanz: Es enthüllte sich ihnen die Messiasprophetie, indem sie sich in Betlehem lokalisierte und in dem neugeborenen Jesus konkretisierte. Dieser kleine Ort im judäischen Bergland und ein noch unbeschnittener Knabe wurden für die Männer aus dem Osten zur gefeierten Endstation eines langen Weges konsequenter Suche. Wie ist das möglich? Spielte ihnen vielleicht die Magie der Sehnsucht den traurigen Streich, das kleinformatig Vorgefundene mit imaginärer Hoheit auszustatten, nur um mit Glanz das Nichts zu überstrahlen? Psychologisch gesehen, ist ein solcher Selbstbetrug immer möglich als eine jener unzählbaren Grimassen, die der Mensch mit dem Leben schneidet, nur um der Wahrheit seines Versagens auszuweichen.

Die biblischen Texte und mithin die Erzählkränze (Mt 1–2; Lk 1–2,40; Joh 1) von der Geburt Jesu sprechen jedoch primär auf symbolischem Niveau und weniger auf historischem und psychologischem. Ihre Aussageintention ist eine gründlich andere, eine performative. Indem die Evangelientexte präzise strukturierte und miteinander hintergründig verwobene Geschichten erzählen, Geschichten, die allesamt „sternförmig" auf die Geburt Jesu Christi konvergieren, vermitteln sie dem Leser ein besonderes Verständnis von Geschichte: Menschheits-, Welt-, Kulturgeschichte wird ihrer Banalität des bloß Historisch-Faktischen entrückt. Historie wird zur Geschichte, indem real Erscheinendes in weitläufige „Bewandtniszusammenhänge" eingebracht wird. Dadurch wird sie anspruchsvoll und bedeutsam. Die Maske des Banalen und scheinbar Zufälligen allen Lebens wird durch den Fortgang der biblischen Erzählungen porös und brüchig, um schließlich durchschaubar zu werden auf kosmische Dimensionen,

Abgründe und Wirkmächte „dahinter“, die es drängt, sich im Zeitraum der Menschengeschichte auszuartikulieren. „Hinter“ der Maske des Materiellen und seiner Verfallsprozesse, über die wir Zeit mittlerweile physikalisch definieren, kündet sich in diesen Texten eine andere Kraftgröße der Sinngestaltung des Lebens an. Diese Metaphysik der neutestamentlichen Texte lässt sie „Evangelium“ sein, d. h. „gute Botschaft“ für all jene, die danach fragen, welche Bewandtnis es habe mit dem Zur-Welt-Kommen, Leben und Ableben des Menschen.

Durch Geschichten also erzählt die Bibel Geschichte. Dabei performiert sie Historie in Heilsgeschichte, in der „Zufall“ als bloße Wortetikette für Überraschung demaskiert wird. Immer, wenn das Reale einbricht in den illusionären Wohnraum unseres vernünftig kalkulierten Lebens, erschrecken wir. So erschrak Herodes vor den Männern aus dem Osten und ihrer überraschenden Botschaft. Als Prototyp des auf Selbstbehauptung bedachten Zeitgenossen bezog er sofort Position in der Gegenwehr. Alles sollte bleiben wie es „ist“, um seinen Herrschaftsanspruch zu wahren. Doch überraschend schnell wurde alles anders. „Schuld“ daran, so sagen es jedenfalls die biblischen Texte, war kein blinder „Zufall“, sondern waren Einbrüche des Realen (ein neuer Stern, Wiederkehr alter Prophetie, Geburt und Rivalen), die Herodes überraschten und seine imperiale Lebenserwartung gefährdeten.

Diese seine selbstbewussten Erwartungen konkurrierten freilich mit den prophetischen Verheißungen, welche längst schon die Spur des kommenden Messiaskönigs aufgenommen hatten. Nur weil Herodes diese anklingenden Verheißungen verdrängt und verworfen hatte, wurde er überrascht von einem Sinngeschehen, das ihn schließlich doch ein- und überholte.

Diese Verheißungen beziehen sich sowohl auf den Messias als auch insbesondere auf seinen Geburtsort. Als solcher wird Betlehem (8 km südlich von Jerusalem) genannt. Übersetzt heißt Bet-lehem: Haus des Brotes. Erstmals wird der Ort in Jos 15,59 erwähnt, und zwar in der Liste der im Gebirge Juda gelegenen Städte. Das will nicht weniger besagen, als dass Betlehem schon seit der Frühzeit der jüdischen Landnahme in Kanaan als Ort „zählt“. Nach Betlehem kommt der Prophet und Richter Samuel, um unter den Söhnen Isais den ersten König für

Israel zu suchen und Saul zu finden (1 Sam 16,1.4ff). Der messianischen Prophetie entsprechend wird Jesus in Betlehem geboren, und zwar als Nachkomme Davids.
Im Matthäusevangelium wird gleich im ersten Kapitel der Stammbaum Jesu lückenlos entfaltet. Diese visionäre Darstellung der Genealogie Jesu beginnt mit den definitiven Anfangsworten: „Dies ist das Buch von der Geschichte Jesu Christi, des Sohnes Davids, des Sohnes Abrahams" (Mt 1,1). Die Genealogie wird mit einer gliedernden Zusammenfassung beschlossen, die an präziser Symbolik nicht zu überbieten ist:

> *„Alle Glieder von Abraham bis zu David sind vierzehn Glieder.*
> *Von David bis zur babylonischen Gefangenschaft sind vierzehn Glieder.*
> *Von der babylonischen Gefangenschaft bis zu Christus sind vierzehn Glieder"*
> *(Mt 1,17).*

Die 3-mal 14 Glieder der Generationenkette plazieren Jesus als den Christus an 42. und letzter Stelle. Nach ihm kommt keiner mehr. Er ist gleichsam das Omega der vielgliedrigen Verkettung, als deren Alpha der Stammvater Abraham genannt wird. Dass diese Generationen- und Vererbungsfolge ausgerechnet 42 Ringe aufweist, wird auf folgendem Hintergrund erst bedeutsam: Nach dem Auszug Israels aus dem „Sklavenhaus Ägypten" macht das wandernde Volk mit der Bundeslade genau 42-mal Station in der Wüste vor dem Einzug in das verheißene „gelobte Land". So markiert die „42" eine symbolische Grenze zur Erfüllung der göttlichen Verheißung. Diese fließende Grenze zwischen dem Diesseits und Jenseits der Verheißung zieht der Jordan. Mose, der Erzprophet und „Knecht Gottes", darf sterbend auf dem Berg Nebo des Gebirges Abrim noch hinüberblicken auf die „andere Seite". Betreten wird er sie nicht mehr. An Moses Stelle tritt Joschua. Er führt das Volk zur Landnahme über den Jordan, so dass sich die Verheißung unter seiner Leitung erfüllt.
„Jesus" ist die latinisierte Form des hebräischen Josua bzw. Joschua. Der Name bedeutet: „Gott hilft". Bereits durch die Namengebung und nochmals verstärkt durch das Aufscheinen Jesu an 42. Stelle des Geschlechtsregisters wird er als der

neue Josua ausgewiesen, der sein Volk zur Erfüllung der Verheißung bringen wird. Geboren wird er, der aus dem Stamm Juda und dem Geschlecht Davids hervorgeht, in Betlehem, das erstmalig im Buch Josua erwähnt wird und die Geburtsstadt Davids ist. Jesus, der seine Existenz und Sendung beim ‚Letzten Abendmahl" in Brot und Wein symbolisiert, nachdem er sich zuvor bereits als „Brot des Lebens" (Joh 6,35) verstand, er wird nirgendwo anders als im „Haus des Brotes" (Bet-lehem) geboren.
In diesem Kontext von Thora, Prophetenschriften und Evangelien gelesen, gehören die drei sinngemäß zueinander: der Stern, Jesus und Bet-lehem, das „Haus des Brotes" als Geburtsort der sich vollziehenden Messiasverheißung. Wer aber ist der verheißene Messias und wie kommt er zur „Welt"?

Der Messias als Christus

In der frühjüdischen Glaubenswelt zur Zeit des babylonischen und bald darauf des römischen Exils, also nach der Brandschatzung des ersten Jerusalemer Tempels (587 v. C.), trieb der Messiasglaube seine bunte Blüte: Ihre Variationen reichten beispielsweise vom Zelotentum mit seinen politischen Messianismen bis hin zu spirituellen und schwärmerischen Bewegungen (z. B. im Bar-Kochba-Aufstand 132 n. C.). Sie alle versprachen sich vom Erscheinen des Messias eine religionspolitische, universelle Restitution des thoratreuen Judentums. Dabei beriefen sich die Messiasgläubigen vorrangig auf prophetisch-apokalyptische Quellen (wie Jesaja, Daniel, Micha, Sacharja, Maleachi), aber auch auf visionäre Stimmen aus den Gemeinden.
Die spirituelle Kernbotschaft der jüdischen Messiashoffnung ist allerdings jenseits des Apokalyptischen wie des Politischen zentriert. Sie ersehnt den Messias als Menachem, den „Tröster". Von Gott gesandt und mit Vollmacht versehen, wird er sein gedemütigtes Volk wahrhaft trösten. Und zwar dadurch, dass er es durch die spirituelle Kraft seiner Sendung neu einbinden wird in Gottes ewigen Bund. Aufs Neue wird Israel so – durch die messianische Vermittlung – Gottes heilsamer Anwesenheit gewahr werden. Auftrag des Menachem-Messias ist es,

Gott seinem Volk wieder als Emanuel (Gott mit uns) zu enthüllen. Das „Gericht" des Messias wird es sein, Israel erneut auf den einzig lebenspendenden Gott hin auszurichten. Sodann ist es möglich, dass durch Israel der ganze Erdkreis erstmalig und heilvoll „gerichtet" wird, dass alle „Völker" sich Gott zuwenden, ihn anbeten und angstfrei miteinander koexistieren (vgl. Jes 11).

Die Messiasvision greift also über das lediglich Nationale hinaus. Sie eröffnet einen universellen Segenshorizont für „alle Menschen, klein und groß" (Ps 115,13). Gerade darin liegt die Zugkraft ihrer Verheißung, die beispielsweise die Magoi aus dem Osten in Bewegung bringt, um dem neugeborenen Messiaskönig als dem „Herrn der Welt" zu huldigen. Israels erste Könige, Saul und David, wurden von Samuel, dem Propheten, gesalbt als Zeichen ihrer gottgewollten Beauftragung. Als Salböl benutzte man Olivenöl. Der Messiaskönig galt als ein von Gott „Gesalbter". Das griechische Wort dafür lautet „christos". Jesus Christus besagt also: Jesus, der „Gesalbte". Der Hoheitstitel „Christus" beinhaltet folglich ein Bekenntnis dazu, dass Jesus der Messias ist. „Jesus Christus" lässt sich somit interpretativ übersetzen mit: Gott hilft seinem Gesalbten. Darin liegt die geheime Macht und die nach außen wirkende Strahlkraft der Sendung Jesu, dass Gott selbst seinem Gesalbten hilft, ihn stärkt und selbst aus dem Dunkel des Grabes aufrichtet.

Der Messias Jesus ist also ein „Christos", aus dem Stamm Juda und dem „Haus David", geboren in Bet-lehem. Die Schriften, die sich Evangelien nennen, bezeugen, dass er allein der wahre Messias ist. In ihm erfüllt sich die vielstimmige prophetische Verheißung und die Sehnsucht der Frommen. In ihm konkretisieren und vergeschichtlichen sie sich. In ihm werden sie zur Person, zum „Menschensohn" Jesus, zu Gottes „eingeborenem Sohn".

Wenn die Theologie von der „Inkarnation des Logos" (vgl. Joh 1) spricht, fasst sie unter diesem Begriff wie in einem Zeitraffer ein Geschehen von mysteriöser Vielschichtigkeit und numinoser Hintergründigkeit zusammen. Zum Geheimnis der Inkarnation (= Fleischwerdung) gehört, dass es unerschöpflich bleibt und niemals „restlos" aufgeklärt werden kann. Dasselbe, nämlich dass stets ein „heiliger Rest" bleibt, gilt ebenso für die vernünftige, theologische Darstellung des Mysteriums der Inkarnation: Dass Gottes Geist, Heilswille und sinnspendende

Lebenskraft sich in der Person Jesu inkarniert, so dass er der „Christus“ ist, dafür gibt es keine „zwingenden Beweise“.
Überhaupt lässt sich die Wahrheit des Lebens nie logisch rational beweisen, allenfalls erhellen, erspüren und als Botschaft vernehmen. Man kann sie zwar nicht beweisen, aber es schenkt bereits Lebensfreude, ihr auf die Spur zu kommen.
Zu den ausgewählten Ersten, die der Wahrheit der Geburt Jesu – nämlich dass er der messianische Erlöser ist – auf die Spur kommen, zählen die Magoi und die Hirten, „die des Nachts ihre Herde hüteten“. Den Hirten bringt kein Stern die Verheißung, sondern der „Engel des Herrn“ eröffnet ihnen: „Euch ist heute der Heiland geboren, welcher ist Christus, der Herr, in der Geburtsstadt Davids.“ Und die Hirten folgen der Offenbarung, gehen nach Betlehem und finden das Kind. Warum sind ausgerechnet judäische Hirten und persische Astronomen die ersten Kontaktgruppen des Wunders?
Jedenfalls scheinen die einen mit den anderen gar nichts gemeinsam zu haben. Sie begegnen einander auch nicht, sondern treten zeitversetzt am Geburtsort auf, um dann nie wieder erwähnt zu werden. Die Wahrheit von der Geburt des Christus, so, wie sie biblisch zur Sprache kommt, ist relational, verwunden und tiefgründig. Sie bezieht sich auf den Ursprung alles Erscheinenden und gründet in diesem unvordenklichen Anfang, dem Logos, der bei Gott ist. So, wie die Evangelien von der Geburt Jesu Christi erzählen, versprachlichen sie den überraschenden Neuanfang, in den Emanuel alle Völker einbinden will. In unendlicher Variationsbreite, durch Anspielungen, teilweise Überblendungen, präzise Verschiebungen und Transpositionen, lassen die Evangelien den Anfang aufleuchten, um so und in ihm das Geheimnis Gottes und seines Namens anzudeuten. Eines Gottesnamens, der sich wie ein Menetekel einschreibt in die Geschlechterfolgen der nachparadiesischen Menschheit, sie artikuliert und Geschichte werden lässt als „unendliche Geschichte“ Gottes: Mit wem?
Sagen wir: Mit Abel und Kain, und kehren wir zurück zu den Hirten auf nächtlichem Feld und zu den Magoi aus dem Fernen Osten. Beide Gruppen symbolisieren im biblischen Gestaltendrama den Bezug zum Ursprung in ausgezeichneter Weise. Sie sind Gestalten des Anfangs. Sie gestalten ihn aus, verlebendigen

und vergegenwärtigen ihn. Die Magoi aus dem Osten mit ihrer Beobachtung des gestirnten Himmels, seinen „Revolutionen“ und Vorkommnissen, sie symbolisieren den Menschen des Ursprungs mit seinem Bezug zum Uranfang der Schöpfung: „Und Gott sprach: Es werden Lichter an der Feste des Himmels, die da scheiden Tag und Nacht und geben Zeichen, Zeiten, Tage und Jahre“ (Gen 1,14).
Das lateinische Wort für die Sehnsucht des Menschen, die noch nicht zur Begierde und Gier verkommen ist, heißt übrigens „de-siderium“. Darin steckt „sidus“ = Sternbild. Dazu passt das Zeitwort „de-siderare“: abwägen, erwägen, bedenken (wörtl.: die Gestirne beachten). In diesen Worten schwingt ein kosmischer Bezug und die anfängliche Sehnsucht des Menschen als Zwischenwesen, zwischen Himmel und Erde. Die Sehnsucht, zur Beziehung zu finden mit dem Himmel über ihm, seinen Leuchten, Zeichen und Mächten, kennzeichnet den archaischen Menschen. Sie ist Ferment seiner Intuition und Bewegkraft für die Wanderung der Magoi. Der Weg, den sie ziehen, wird ihnen dort zur Ankunft, wo sie dem neugeborenen Messias huldigen: in Betlehem.
Auch die Hirten sind Gestalten des Anfangs, und zwar sowohl im humangeschichtlichen als auch im biblischen Sinn: Die ersten, postparadiesischen Nachkommen des Urmenschenpaares (Adam und Eva) sind Abel und Kain. Abel (vom hebr. hebel) bedeutet „Windhauch“, Kain (vom hebr. quayin) verweist etymologisch auf „Schmied“ (vgl. Gen 4). Der erstgeborene Kain erschlägt seinen Bruder Abel, den Schafhirten. Wie ein „Windhauch“ scheint Abels Existenz zu vergehen. Kains aggressive Geschlechterlinie will sich die „Erde untertan“ machen (vgl. Gen 4,17–24). Doch das misslingt. Seither zieht sich der dramatische Konflikt zwischen dem Archetyp Abels und dem Kains quer durch die biblischen Bücher. Sie erzählen von wiederkehrendem Herrschaftsanspruch, Konflikt und Errettung. Die Stammväter Israels, also die drei Patriarchen Abraham, Isaak und Jakob, waren nomadisierende Hirten. Auch der spätere König David, aus dessen Stamm der Messias abkünftig sein soll, war ein Hirtenjunge aus Betlehem. Sowohl Israel als auch der Messias bzw. der Christus stehen im Symbol des „Hirten“. Ihre Herkunft und ihr Wesen wurzeln in Abel, dem gottgefälligen und

deshalb ermordeten Urvater der Hirten. Der Messias wird der „gute Hirte" seines Volkes sein, und Gott wird mit ihm sein. Diese alttestamentliche Verheißung gestaltet sich in den Evangelien als anbrechende Erfüllung: „Denn euch ist heute der Heiland geboren, welcher ist Christus, der Herr, in der Stadt Davids" (Lk 2,11).

In theologisch gestraffter Sprache lässt sich das Ereignis der Messiasgeburt schließlich mit folgenden Worten darstellen: Die Geburt Jesu Christi als inkarnatorisches Geschehen ist ein reales Übereignis göttlicher Selbstmitteilung in die konfliktbeladene Menschenwelt. Als solches ist es wahr, gültig und unwiederholbar. Wahr daran ist nach den Erzählzeugnissen der Evangelien, dass Jesus der gottgesandte Christus ist: Er ist das authentische Wort Gottes, sein zur menschlichen Person gestalteter Heilswille („geboren aus der Jungfrau Maria"). Ja, ihm, dem Messias, erweist sich Gott als er selbst: Der Emanuel, der nicht aufhört, in der Schöpfung performativ zu wirken. Der Messias ist die dem Menschen heilsam zugewandte Seite des geheimnishaften Gottes. Jesus selbst und die spätere Glaubenslehre der Kirche werden diese Wahrheit stets aufs Neue betonen: „Ich (Jesus Christus) und der Vater sind eins" (Joh 10,30) – und zwar in differenzierter Einheit durch den Geist. So wie das Licht zur Flamme und die Finger zur Hand gehören und umgekehrt, so gehören der Messias Jesus und der Gott Emanuel zueinander. In der frühchristlichen Spiritualität wurde Jesus deshalb auch als „Himmelsleiter" verstanden, als Transversale und Mittler zwischen Himmel und Erde.

Im Christuszeugnis der Evangelien schwingt ein provokantes Geschichtsbewußtsein: Mit der Geburt Christi beginnt eine Zeitenwende und hebt ein neuer Äon an. Indem sich die messianische Verheißung real-inkarnatorisch personifiziert, geschieht von Gott her etwas Irreversibles in und mit der Welt. Was? Wie ein Rätselspruch klingt dazu die Antwort aus dem Johannesevangelium:

> *„Er war in der Welt, und die Welt ist durch ihn gemacht; aber die Welt erkannte ihn nicht. Er kam in sein Eigentum; und die Seinen nahmen ihn nicht auf. Wie viele ihn aber aufnahmen, denen gab er Macht, Gottes Kinder zu werden; denen, die an seinen Namen glauben" (Joh 1,10–12).*

Das also feiern wir zu Weihnachten: Die Geburt Jesu Christi als Erfüllung der messianischen Verheißung. Sie beinhaltet für uns inmitten der objektiv friedlosen Dynamik dieser Welt die Chance, ihn als Messias im Herzen aufzunehmen, um so „Gottes Kinder“ zu werden. Dann kann sich unser Leben auf Erden „lichten“, auch an dunklen Tagen.

4. Gottesgeburt und Menschwerdung

Im Zeichen des Kindes

Das Weihnachtsfest, näherhin die Art und Weise, wie es heute begangen wird, ist vielfach heftiger Kritik ausgesetzt. Man stößt sich an vordergründigem Kitsch und oberflächlicher Sentimentalität, die nicht darüber hinwegtäuschen könnten, dass Weihnachten weitgehend zu einem säkularisierten Geschenkfest geworden ist. Von seinem eigentlichen religiösen Sinn als Fest der Geburt Christi, des Heilands und Erlösers, sei kaum mehr etwas zu spüren.

Andere halten gerade diesen religiösen Gehalt des Weihnachtsfestes für zutiefst fragwürdig. Die Weihnachtsbotschaft, wie sie das Neue Testament bezeugt, scheint allenthalben Befremden und Ratlosigkeit hervorzurufen: Den Menschen wird darin eine „große Freude" (Lk 2,1) verkündet: „Heute ist euch in der Stadt Davids der Retter geboren, er ist der Messias, der Herr" (Lk 2,11), heißt es da, der als Kind „in Windeln gewickelt, in einer Krippe liegt" (Lk 2,12). Dieses „Zeichen des Kindes" zeuge, so wird gesagt, von der „Güte und Menschenliebe Gottes, unseres Retters" (Tit 3,4) und bringe den Frieden für die Menschen.

Wie kann man aber, so fragen viele, an einen Erlöser und Heiland glauben in einer Welt, die von Unheil geradezu überquillt? Welche Rolle soll dabei ein Kind spielen, wo doch gerade die Kinder als die Schwächsten die ersten Opfer menschlicher Bosheit sind? Wie ist es möglich, inmitten von Orgien der Unmenschlichkeit auch nur eine Spur der Güte und Menschenliebe Gottes wahrzunehmen? Ist es nicht blanker Hohn, die Ankunft des Friedens zu besingen, wo Hass, Gewalt und Krieg allgegenwärtig sind?

Solche ungebrochen negativen Sichtweisen werden jedoch im Letzten weder dem Wesen noch der Erfahrung des Weihnachtsfestes gerecht. Trotz aller aggressiv und vorlaut vorgetragener Kritik steht außer Frage, dass kein christliches Fest so tief in das menschliche Erleben eingesenkt ist wie die Weihnacht. Ungeachtet oberflächlicher Entartungen und des vielfältigen Leidens in der Welt, das auch an Weihnachten nicht aufhört, übt sie einen unwiderstehlichen Zauber aus, dem sich der Mensch, sofern er ihn zulässt und nicht willentlich unterdrückt, kaum entziehen kann. Von diesem Zauber bezieht noch der gewöhnlichste Weihnachtseinkauf einen geheimen Sinn. Und selbst inmitten von Krieg und Elend hat es immer wieder Versuche gegeben, wenigstens einen Funken weihnachtlichen Lichtes zu entzünden.

Womit hängt aber, so fragen wir, diese ungebrochene Faszination des Weihnachtsfestes zusammen, die tiefer reicht als alle Flachheit, aber auch als alles Leid? Eine meditative Besinnung auf diese Frage führt uns zu der Erkenntnis, dass diese geheimnisvolle Anziehung mit dem Kindsymbol zu tun hat, das uns mit der Geburt Christi vor Augen gestellt ist. Ohne Zweifel gehört das „Zeichen des Kindes", das der Engel des Herrn, und damit Gott selbst, den Hirten als den Repräsentanten aller Menschen verheißt, zu den Urträumen der Menschheit von Heil und Erlösung durch einen neuen Anfang, der zugleich eine Erinnerung an das verlorene Paradies ist. In diesem Sinn besagt eine alte Wahrheit, dass uns drei Dinge vom makellosen Urzustand des Paradieses geblieben sind: die Blumen des Tages, die Sterne am nächtlichen Himmel – und das Licht in den Augen der Kinder.

Es hat daher seinen guten Grund, wenn der Mensch sein Leben als Kind beginnen darf. Herz und Gemüt des Kindes sind noch unverbraucht, einfach, unmittelbar und offen; am Kind wird die göttliche Abkunft des Menschen in besonderer Weise offenbar: Bei ihm ist das göttliche „Licht, das jeden Menschen erleuchtet" (Joh 1,9), noch nicht verdunkelt. So nimmt es nicht wunder, dass sich Gott im Weihnachtsgeschehen in Gestalt eines Kindes zeigt; da Kind-Sein und Göttlich-Sein so nahe beisammenliegen, konnte uns Jesus später das Kind-Sein als die Norm für wahres Mensch-Sein vor Augen stellen: „Wenn ihr nicht umkehrt und wie die Kinder werdet, könnt ihr nicht in das Himmelreich kommen" (Mt 18,3). Damit ist dem Menschen im Symbol des Kindes ein Weg aufgezeigt, der zu Glück und Seligkeit führen kann – auch und gerade angesichts einer Welt, die anscheinend von Leid und Bosheit beherrscht ist.

Zwar ändert sich an Weihnachten „in keiner Weise das Gesicht unserer Welt. Die Menschen hassen und quälen sich wie vorher. Und doch hat sich etwas geändert im Herzen der Welt: Dort leuchtet im Stillen und Verborgenen ein Licht, es ist die selbstlose, verwandelnde Kraft des Kindes in der Krippe" (Christian Schütz). Dieses Kind hat den Weg zu Gott, zur befreienden Gotteskindschaft eröffnet; diese verlangt allerdings von uns, dass wir das göttliche Kind und damit Jesus Christus gläubig aufnehmen (vgl. Joh 1,12). Das Johannesevangelium beschreibt auch diese gläubige Aufnahme mit der Metapher der Geburt: als eine neue Geburt im Sinne eines Geborenwerdens aus Gott (vgl. Joh 1,13).

Entsprechend ist auch in dem nächtlichen Gespräch zwischen Jesus und Nikodemus von einer Wiedergeburt des Menschen die Rede (vgl. Joh 3,1–13). Nikodemus missversteht Jesus, indem er dabei im buchstäblichen Sinn an eine Rückkehr in den Mutterschoß denkt. Jesus dagegen meint das Bild von der neuen Geburt symbolisch: Nicht die leibliche Geburt eines Kindes ist gemeint, sondern die Gotteskindschaft, die das vierte Evangelium als eine „Geburt von oben her", als Menschwerdung im geistlich-spirituellen Sinn begreift.

Für uns Christen ist die Geburt Christi als die Menschwerdung Gottes damit nicht nur Anlass zur Freude, sondern immer auch eine Aufforderung zur Nachfolge; sie ist Gabe und Aufgabe zugleich. Wir sollen nicht nur ein Gnadengeschenk Gottes empfangen, sondern uns selbst in den Vorgang der Geburt und damit der Verwandlung hineinbegeben. Wenn Gott Mensch und Kind wird, sind auch wir dazu angehalten, Mensch und Kind zu werden, d. h. die Gesinnung der Mensch- und Kindwerdung zu verwirklichen.

Aus diesem Grund gibt das Glaubensbekenntnis auf die Frage „Warum ist Gott Mensch geworden?" (cur deus homo?) nicht nur eine einzige, sondern vielmehr eine zweifache Antwort. Die Menschwerdung Gottes, so heißt es, sei geschehen „für uns Menschen" (propter nos homines) und „um unseres Heiles willen" (propter nostram salutem). Letzteres meint die weihnachtliche Freudenbotschaft, die dem Christen zuallererst in den Sinn kommt: Der Erlöser ist gekommen, um den Menschen von seiner Schuld zu befreien. Ersteres deutet auf etwas hin, das beim Gedanken an Weihnachten nicht auf dieselbe unmittelbare Weise gegenwärtig ist, das aber dennoch für das Christsein von größter Wichtigkeit ist: Gott ist auch deshalb Mensch geworden, um dem Menschen seine eigene Menschwerdung zu ermöglichen, d. h. damit der Mensch er selbst, also wirklich Mensch sein kann. Gott ist Mensch geworden, damit er die menschliche Wirklichkeit zur Entfaltung bringt und sie vollendet. Jesus Christus als der menschgewordene Gott erweist sich so als derjenige, der dem Menschen zu seiner Selbstfindung verhilft.

Von sich aus ist dieser dazu nicht in der Lage: Sein Selbst ist stets auf eine eigentümliche Weise gebrochen. „Im Menschen ist immer eine geheime Spannung vorhanden zwischen dem, was er ist, und dem, was er sein möchte. Zwischen dem, was er schon verwirklicht hat, und dem, was ihm noch zu leisten bleibt“ (Ladislaus Boros). Er ist gleichsam nie „fertig“, stets nur ein Vorentwurf seines eigenen Selbst, über dessen Ziel und letzte Wahrheit er von sich aus keine Gewissheit zu erlangen vermag.

Dies bedeutet für den konkreten Vollzug menschlicher Existenz zweierlei: Das Anfangen ist ein stets wirksamer Moment des Menschseins; wer als Mensch „sein“ will, muss immer neu beginnen. Zugleich bedürfen wir aber auch eines Maßstabes für unser Menschsein, der die Richtung unserer Bemühungen um Selbstwerdung anzeigt.

Menschwerdung Gottes bedeutet auf diesem existentiellen Hintergrund zum einen, dass der Mensch den Weg der Selbstfindung immer wieder neu beschreiten muss, und zum andern, dass dabei für denjenigen, der glaubt, in dem Menschen Jesus Christus der Maßstab für all seine diesbezüglichen Bemühungen auf unüberbietbare Weise offenbar geworden ist. Für den Christen ist Jesus Christus der „letzte Adam“ (1 Kor 15,45), der das Menschsein auf eine vollkommene und nicht mehr überholbare Weise verwirklicht hat und seinerseits zur Menschwerdung im Sinne einer Wiedergeburt im innerlich-geistlichen Sinn aufruft.

Pontius Pilatus hat diese existentielle Dimension von Menschwerdung mit seinem berühmten „Ecce homo“ (Seht, welch ein Mensch; Joh 19,5) unbewusst ausgesprochen. Auch wenn der Textzusammenhang in erster Linie auf die erbarmungswürdige Gestalt des mit Dornen gekrönten und zur Kreuzigung bestimmten Jesus verweist, kommt mit diesem Wort eine urbildliche Tiefendimension zum Vorschein, die nicht nur den Kern der Weihnachtsbotschaft, sondern des ganzen Evangeliums widerspiegelt: Jesus ist der Prototyp, das Urbild des wahren Menschen, auch und gerade in seiner Armseligkeit, die ihm von seiner Geburt in einem Stall bis zu seinem schmählichen Ende am Kreuz ein stetiger Begleiter war. Auf diese Weise ist er aber zugleich die Offenbarung der Demut als die Signatur Gottes und damit auch des Menschen, der sein wahres Selbst gefunden hat.

Aus dem Gesagten können wir ersehen, dass man die Geburt Christi als Menschwerdung Gottes als zweifaches Geschehen begreifen muss.

Zum einen ist das Weihnachtsgeschehen ein geschichtliches Ereignis: Der Sohn Gottes ist Mensch geworden, eines Nachts vor zweitausend Jahren in dem kleinen Ort Betlehem; er wurde in einen Futtertrog gelegt, in Windeln gewickelt und von seiner Mutter gestillt. Gott hat sich im Zeichen des Kindes ganz auf unser Elend eingelassen und ist radikal klein geworden. Aber gerade so ist Weihnachten das in Zeit und Geschichte geschehene Ereignis der Liebe Gottes. Weihnachten bedeutet, wie es Leonardo Boff auf sehr schöne Weise sagt, „dass Gottes ewige Jugend in die Welt eingezogen ist, um sie nie wieder zu verlassen, und dass in der seligen Nacht seiner Geburt eine Sonne aufgegangen ist, die keinen Untergang mehr kennt".

Gleichzeitig muss sich die Geburt Christi, die Menschwerdung Gottes, im Sinne einer inneren Wiedergeburt zum wahren Menschen vollziehen. Fraglos hat die Geburt des Erlösers die Geschichte zutiefst geprägt und ihr eine bisher nicht gekannte Tiefendimension verliehen, doch muss diese Tiefendimension von jedem einzelnen von uns angenommen und gelebt werden, damit ihre existentielle Bedeutung zum Tragen kommen kann. Anders gesagt: Die Menschwerdung Jesu Christi muss zur inneren religiösen Erfahrung der menschlichen Seele werden.

Sowohl die Tradition der deutschen Mystik als auch die Psychologie C. G. Jungs haben dieser Einsicht Rechnung getragen und versucht, eine Antwort auf die Frage zu geben, wie eine solche innere Verwirklichung der Menschwerdung geschehen kann. Wir wollen diese beiden spirituellen, also in der Seele des

Menschen zu beschreitenden Wege, im folgenden ein wenig mitgehen, da sie zu einem noch tieferen Verstehen des Mysteriums der Menschwerdung verhelfen können.

Gottesgeburt in der Seele

Mit dem Wort „Mystik“ (von griechisch: myein, Augen, Ohren und Mund schließen) ist ein religiöses Urphänomen bezeichnet, das auf einem unmittelbaren, innerlichen Erleben Gottes beruht. Im Zentrum mystischer Religiosität steht damit eine die ganze Existenz ergreifende spirituelle Erfahrung, die bis zur Einswerdung mit Gott reichen kann. Gerade in Zeiten eines geistlichen Vakuums, etwa durch Veräußerlichung oder „Verkopfung“ der Religion, schlug die Stunde der Mystik, da sie wieder an die Notwendigkeit der Gotteserfahrung im Inneren der Seele erinnerte. Auf dem Hintergrund einer solchen Forderung nach einer existentiellen Verinnerlichung kann Angelus Silesius (1624–1677) in seinem „Cherubinischen Wandersmann“ dichten:

> *„Wird Christus tausendmal zu Betlehem geboren*
> *und nicht in dir, du bleibst doch ewiglich verloren.“*

Der große Mystiker will uns damit folgendes sagen: Die Geburt Christi in der Geschichte allein reicht nicht aus; das Christuskind muss auch im Innern der Menschenseele aufgenommen, gleichsam „geboren“ werden, damit jeder Einzelne auch selbst zur Menschwerdung, zum wahren Selbstsein gelangen kann. Die Idee von der Geburt Gottes in der Seele des Menschen durchzieht die Schriften fast aller christlichen Mystiker. So können wir bereits bei Meister Eckhart (1260–1328) lesen:
„Wenn man mich fragt: ‚Warum beten, warum fasten wir, warum tun wir alle guten Werke, warum sind wir getauft, warum (was das Höchste ist) ist Gott Mensch geworden?‘ – ich antworte: Darum, dass Gott in der Seele geboren werde und die Seele wiederum in Gott. Darum ist die ganze Schrift geschrieben,

darum hat Gott die ganze Welt geschaffen; damit Gott in der Seele geboren werde und die Seele wiederum in Gott."

Damit versteht Meister Eckhart die Gottesgeburt im Menschen geradezu als die innerste Herzmitte des christlichen Glaubens und weist zugleich auch den Weg zu dieser Geburt: Gebet und Fasten, gute Werke sowie – Eckhart verdeutlicht dies am Beispiel der Taufe – Empfang der Sakramente. Damit ist jedoch nichts anderes beschrieben als der Weg der gläubigen Nachfolge Christi, den wir schon als den Weg der Menschwerdung des Menschen erkannt haben.

Auch der Görlitzer Mystiker Jakob Böhme (1575–1624) hat die existentielle Tiefendimension des Weihnachtsgeschehens geschaut. Mit der Geburt des göttlichen Kindes im Stall zu Betlehem allein wird uns noch keine Erfahrung der Nähe Gottes zuteil. Daher ruft Jakob Böhme jedem Einzelnen zu:

„Jesus Christus, Gottes Sohn, das ewige Wort im Vater, der da ist der Glanz und die Kraft der lichten Ewigkeit, muss in dir Mensch geboren werden, willst du Gott erkennen, sonst bist du im finstern Stalle und gehest nur suchen und tappen ... und meinest, er sei weit von dannen."

Erst wenn der innere Weg der Christusnachfolge beschritten wird und so die Neugeburt im Glauben geschieht, lichtet sich die Finsternis der scheinbaren Gottesferne. Erst wenn wir, sagt uns Jakob Böhme, „der irdischen Welt in unserem Willen absterben" und uns stattdessen „der neuen Welt im Glauben" öffnen, also „im Fleisch und Blut Christi immer wiedergeboren werden", können wir „das Reich Gottes schauen". Böhme beschreibt den Christus-Weg dieser inneren Wiedergeburt sehr konkret: Es gelte, sich mit Christus vom Heiligen Geist im Jordan taufen zu lassen, mit Christus vom Teufel in der Wüste in Versuchung geführt zu werden, aber auch, „mit Christo verfolget, verspottet und gehöhnet" zu werden. Am Ende dieses Weges steht die mystische Vereinigung mit Gott und Christus: Wenn du, verspricht uns Jakob Böhme, in Christus bleibst, „so bleibt er in dir" und du wirst „in den Wundern Gottes schweben".

Der Beginn dieses Weges, dieser Wiedergeburt in Christus, geschieht nach Jakob Böhme im Zeichen der Geburt des göttlichen Kindes, dem es die ganze Existenz zu überantworten gilt: „Denn stehest du vor der Krippen, da Jesus geboren

ward, so neige dich zu dem Kindlein und opfere ihm dein Herz, so wird Christus in dir geboren werden."
Der mystische Weg der Menschwerdung darf freilich nicht verstanden werden als ein rein psychologischer Prozess im Sinne einer stetigen Höherentwicklung zum „Besseren". Vielmehr ist schon am Anfang dieses Weges die Fülle des Endes, d. h. der Vollendung – sowohl des Einzelnen als auch der Geschichte – gegenwärtig. Jesus Christus ist nämlich auch als der im Stall zu Betlehem Geborene, obwohl er in Zeit und Geschichte eingegangen ist, der von Ewigkeit an Seiende, der ewige Sohn Gottes, „das Alpha und das Omega, der Erste und der Letzte, der Anfang und das Ende" (Offb 22,13). Diese geheimnisvolle ewige Gegenwart des immer schon „ganzen" Christus, die das Weihnachtsgeschehen lediglich offenbar macht, ist geradezu die Destruktion des heute anscheinend allgegenwärtigen Denkens in den Kategorien von Entwicklung: In Jesus Christus sind vielmehr „alle evolutionistischen Wahnbilder mit einem Schlag zerstört. Kein Fortschritt wird uns je einmal bringen, was wir in Christus bereits besitzen; denn in ihm ist das Jenseits allen Fortschritts bereits gegenwärtig, in ihm ist der Endzustand auf sakramentale Weise anwesend" (Jean Daniélou).
Diesen Gedanken der Ewigkeit der Menschwerdung im Sinne von dessen wesenhafter Erhabenheit über die Zeit, und zwar sowohl was die Geburt Christi in der Geschichte als auch die Gottesgeburt in einzelnen Menschen anbelangt, hat bereits Meister Eckhart formuliert. Wenn Paulus, so Meister Eckhart, davon spricht, dass Gott in der „Fülle der Zeit" (vgl. Hebr 1,2) seinen Sohn gesandt hat, dann ist damit keineswegs ein zeitlicher Zustand gemeint, sondern vielmehr eine Befindlichkeit, in der von der Zeit gleichsam nichts mehr übrig ist. Daher gilt von der Geburt des göttlichen Kindes in der Geschichte wie von der Gottesgeburt im Menschen: „Alle Zeit muss fort sein, wenn diese Geburt anheben soll", denn die „Zeit hat im Wesen weder mit Gott noch mit der Seele etwas zu schaffen". Für Meister Eckhart steht daher außer Frage: Wäre die menschliche Seele von zeitlicher Qualität, „so könnte nimmermehr Gott in ihr geboren werden". Vielmehr hat sie, als von Gott geschaffene, Anteil an dessen Ewigkeit und Unveränderlichkeit und ist daher wesenhaft göttlich; capax Dei, d. h. fähig und willens, Gott in sich aufzunehmen.

Gottesgeburt und Selbstfindung

Mit der Rede von einer gottgemäßen Seele, die darauf hingeordnet ist, Gott bzw. das göttliche Kind in sich geboren werden zu lassen und so den Menschen zur Selbstfindung und damit zum wahren Menschsein führen kann, hat die Tradition der christlichen Mystik eine Richtung aufgezeigt, die von dem Schweizer Tiefenpsychologen Carl Gustav Jung (1875–1961) aufgegriffen und fruchtbar weitergeführt werden konnte. Obwohl Jung immer nur Psychologe und niemals Theologe sein wollte, spielten Gott und Jesus Christus, wie Religion überhaupt, in seinem Denken eine wichtige Rolle. Dabei wollte er stets nur nach der seelischen Bedeutung religiöser Inhalte und Vorstellungen fragen und gerade kein Urteil darüber fällen, ob diesen eine vom Seelenleben unabhängige Wirklichkeit zukommt. Ihm ging es damit bevorzugt um die Religiosität, d. h. um die menschliche Seite religiöser Fragen. Dabei galt sein Interesse insbesondere dem Aspekt der religiösen Erfahrung.

Jung formulierte diese psychologische Seite der Religion mittels seiner Lehre von den Archetypen des kollektiven Unbewussten. Damit ist Folgendes gemeint: In den verborgenen Tiefen seiner Seele, unabhängig von seinem wachen Bewusstsein, verfügt der Mensch, und zwar jeder Mensch, losgelöst von Zeit und Ort, über angeborene, allen Menschen gemeinsame Formen des Denkens und Erlebens, die von größter Bedeutung für das menschliche Seelenleben sind: die Archetypen. Diese Archetypen, die Jung auch Urbilder oder urtümliche Bilder nennt, sind nicht zuletzt religiöser Natur. Jung nimmt damit eine zur kollektiven Natur des Menschen gehörende religiöse Anlage im Unbewussten an. Die Seele erweist sich so als der bevorzugte Ort der Gotteserfahrung; Gott und Seele stehen geradezu in einem intimen Verhältnis zueinander; Gott ist nicht etwas „ganz anderes" als die Seele, sondern laut Jung „das der Seele innigst Vertraute … wie das Auge der Sonne, so entspricht die Seele Gott". Diese Entsprechung von Gott und Seele bezeichnet Jung als den Archetypus des Gottesbildes. Damit ist für Jung ebenso wie für die Mystiker die Seele der privilegierte Ort, an dem der Mensch Gott begegnen kann. Offenbarung Gottes ist in dieser Sicht immer auch Eröffnung der menschlichen Seelentiefe. Gott hat, theologisch gesprochen, gleichsam die Seele des Menschen so eingerichtet, dass sie sich immer schon zutiefst nach ihm sehnt.

Von besonderer Wichtigkeit ist für Jung der Archetypus des Selbst. Er meint damit die psychische Ganzheit des Menschen, den Zustand, der erreicht wird, wenn der Mensch wahrhaft Mensch, ganz er selber geworden ist, d. h. nichts mehr verdrängt oder unterdrückt, sondern Bewusstes und Unbewusstes, auch Polaritäten und Gegensätzlichkeiten umgreift und in sich vereint. Den Weg zu dieser Ganzheit des Selbst beschreibt Jung als Selbstwerdung oder Individuation. Das Selbst steht dabei in einer denkbar engen Beziehung zu Gott: Es ist der Träger des Gottesbildes im Menschen. Das Selbst wird daher als göttlich erlebt, gleichsam als „Gott in uns", und ermöglicht es so, Gott zu erfahren. Damit ist der Weg zur Selbstfindung gleichbedeutend mit dem Weg zu Gott: Nur wenn ich Gott finde, kann ich mich selbst finden; nur wenn ich mich selbst finde, vermag ich zu Gott zu gelangen. Jung greift damit einen Gedanken auf, der in der Geschichte der christlichen Mystik und Spiritualität immer lebendig war: Die tiefe Beziehung zwischen der Seele im Sinne der Personmitte des Menschen und Gott. Daher konnte schon Augustinus (354–430) ausrufen: „Deum et animam scire cupio – Gott und die Seele will ich erkennen." Hören wir Jung selbst, wenn er ganz im Geiste der christlichen Mystik bekennt:

„Es wäre eine Blasphemie zu behaupten, dass Gott sich überall offenbaren könne, nur gerade nicht in der menschlichen Seele. Ja, die Innigkeit der Beziehung zwischen Gott und Seele schließt jede Minderbewertung der Seele von vornherein aus. Es ist vielleicht zu weit gegangen, von einem Verwandtschaftsverhältnis zu sprechen; aber auf alle Fälle muss die Seele eine Beziehungsmöglichkeit, das heißt eine Entsprechung zum Wesen Gottes in sich haben, sonst könnte ein Zusammenhang nie zustande kommen. Diese Entsprechung ist, psychologisch formuliert, der Archetypus des Gottesbildes."

Nach Jung gibt es grundsätzlich verschiedene Möglichkeiten, diese Urform des Bildes vom Göttlichen in der Seele mit Inhalt und Leben zu füllen. Je nach Zeit, Ort und religiösem Umfeld wird der Archetypus des Selbst, der als Ziel und Höhepunkt der Menschwerdung vom Einzelnen angestrebt werden muss, unterschiedlich gedeutet, indem er etwa mit verschiedenen religiösen Gestalten in Verbindung gebracht wird. Als Psychologe möchte sich Jung zunächst kein Urteil darüber erlauben, welche Verbindung von allgemein menschlichem Seelengrund und einer bestimmten Persönlichkeit der Religionsgeschichte die wahre ist, d. h. welche religiöse Gestalt dem Archetypus des Selbst auf vollkommene Weise entspricht. Bei Jung deutet sich jedoch schon an, was dem Christen seit jeher im Glauben erschlossen ist: Dass Jesus Christus gleichsam der wahre Archetypus des Selbst ist, die wahre imago Dei (Bild Gottes) im Menschen. Jung sagt zwar noch, mit Mühe um religiöse Neutralität ringend: „Das Christussymbol ist der Psychologie von größter Wichtigkeit, insofern es, neben der Gestalt des Buddha, vielleicht das am höchsten entwickelte Symbol des Selbst ist“; für den Christen steht dagegen immer schon fest: Jesus Christus ist der Inbegriff des vollkommenen menschlichen Selbst, der Archetypus des wahren Menschen, der das durch die Sünde verdunkelte Bild vom Menschen wiederherstellt.

Daraus ergibt sich, dass dem Leben Jesu als Ganzem ein ur- und vorbildlicher Charakter zukommt. Jesus ist die zur Nachahmung aufrufende Norm auf dem Weg zur Individuation, zur Menschwerdung jedes Menschen. Schon für Jung gilt, dass das Drama des archetypischen Christuslebens den Archetypus des Selbst veranschaulicht. Jesus Christus stelle eine „Ganzheit“ göttlicher Art dar, einen verklärten Menschen, der, da ganz von Gott erfüllt, „von der Sünde nicht befleckt ist. Als zweiter Adam bildet er eine Entsprechung zu dem ersten Adam vor dem Sündenfall.“ Für den Christen bedeutet dies die Aufforderung zur Christusnachfolge, und zwar auf eine Weise, die den Zusammenhang von Christi Leben mit der eigenen Seele herstellt, indem dieses Leben als die vollkommene Ausprägung und Sinnerfüllung dessen geglaubt wird, was in den Tiefen des Unbewussten immer schon angelegt ist. Mit dieser Art der Deutung des Glaubens kann es gelingen, die Inkarnation, die Menschwerdung Gottes und die Individuation, die Menschwerdung des Menschen aufeinander zu beziehen und so die unüberbietbare existentielle Bedeutung des Christuslebens verständlich zu machen. „Christus als das wahre Selbst des zur Selbstwerdung bereiten Menschen lässt durch sein Leben, Sterben und Auferstehen den daran teilhaben, der sein eigenes Kreuz auf sich nimmt und ihm nachfolgt“ (Gerhard Wehr).

Die Geburt Christi kann auf diesem Hintergrund zweierlei symbolisieren: zum einen die Gottesgeburt im Menschen, durch die er zu seinem wahren Selbst gelangt, und zwar im Sinne eines Zielzustandes. Diesen zu erreichen, ist freilich dem Menschen in seinem irdischen Leben nicht vergönnt; wir können uns, nach dem berühmten Wort des Franz von Sales, im Leben nur auf die Suche nach Gott begeben, finden werden wir ihn erst im Tod. Daher verweist uns die Geburt Christi noch auf etwas anderes: auf den immer wieder notwendigen neuen Beginn auf dem Weg der Gottfindung.

Es ist daher nicht verwunderlich, dass im Traum, dem laut Jung bevorzugten Weg zu den menschheitlichen Urbildern des Unbewussten, oft gerade dann der Kind-Archetypus erscheint, wenn sich ein Mensch auf irgendeine Weise im Wandel befindet. Näherhin das Symbol des „göttlichen Kindes“ wird in Zeiten, in denen Neues aus der Seele aufbricht, öfters geträumt. Das Kind als der Bringer eines neuen Heils im Sinne einer vertieften Lebenseinstellung, eines neuen Werterfassens oder – nicht zuletzt – eines religiösen Aufbruchs, ist fraglos eine der urtümlichsten Erfahrungen der Menschheit, die von ihrer ungebrochenen Sehnsucht nach Erlösung zeugt.

Damit schließt sich der Kreis, und wir wären wieder beim Zauber des Weihnachtsfestes angelangt, von dem wir bei unseren Betrachtungen ausgegangen sind. Wir können uns jetzt erlauben, diejenige Kritik am Weihnachtsfest, die dessen Sinn und Bedeutung auf grundsätzliche Weise leugnet, als vordergründig und oberflächlich zu bezeichnen, da sie nicht nur übersieht, welch echte Faszination vom Bild des göttlichen Kindes in der Krippe ausgegangen ist und wie sehr die Menschen durch das Wiedererzählen der Weihnachtsgeschichte immer schon angerührt wurden, sondern auch das tiefe seelische Fundament ignoriert, das für diese Wirkungen verantwortlich ist und das wir freizulegen versucht haben.

Bemerkenswert, geradezu beunruhigend ist, dass sich das Auftreten des göttlichen Kindes im Traum oft als ambivalent, als zutiefst zwiespältig gestaltet. Einerseits wird seine Armut und Verlassenheit, dann wieder sein wunderbares

Auftauchen erlebt. Immer wieder tritt es – ganz im Gegensatz zu seiner Kleinheit – mit einem geradezu gebieterischen Anspruch auf. So geht es etwa dem Träumer auf einem unbekannten Weg voran, nimmt ihn bei der Hand oder steht einsam da und fordert dessen Bereitschaft, es aufzunehmen. „So liegt in einem Traum ein wunderbar schönes Kind auf Stroh am Boden. Es möchte sich erheben, schlägt aber, wieder zurückfallend, sein kleines, reifes Haupt am Boden auf. Der Träumer unterlegt ihm eines seiner eigenen Kleidungsstücke. Das Kind lächelt ihm zu, und er erfährt, was in all diesen Träumen vom göttlichen Kinde erfahren wird: Es ist hilflos und klein, und gleichzeitig ist der dunkle Raum (in dessen Schatten eine fiebernde Frau liegt) vom hellen Licht dieses Kindes erfüllt. Es ist das Kleinste und das Größte zugleich" (Ernst Aeppli).
Ein Mensch, der vom göttlichen Kind träumt, steht oft, so erklärt sich diese Zwiespältigkeit, in einem leidvollen Konflikt. Die Begegnung mit diesem Kind symbolisiert einerseits die Möglichkeit der Individuation, der Wandlung, die sich jedoch, wie die reale Situation der Geburt, notwendigerweise nur unter Schmerzen im Sinne der Ablösung vom Bisherigen, vollziehen kann. In jedem Fall gilt: Wenn im Traum des Erwachsenen das göttliche Kind erscheint, steigt aus dem Schoß des Unbewussten eine neue Lebensmöglichkeit in das von einem Konflikt beschwerte Bewusstsein auf. Dies ist die Vorwegnahme der im Werden begriffenen Bewusstseinslage, die vom Träumer erst noch zu erreichen ist, aber als solche die Lösung des Konfliktes bereits anbahnt. Jung kann daher feststellen: „Indem das Symbol des ‚Kindes' das Bewusstsein fasziniert und ergreift, tritt die erlösende Wirkung ins Bewusstsein über und vollführt jene Abtrennung von der Konfliktsituation, deren das Bewusstsein nicht fähig war."
Im Licht des christlichen Glaubens zeigt sich, dass das geträumte „göttliche Kind" letztlich nichts anderes ist, als der Christus-Archetypus. Die kleine Traumgestalt ist nämlich nicht nur ein Beginn, sondern birgt zugleich schon alle Reife in sich. Darin kommt sie wesenhaft mit Jesus Christus überein, dessen Geburt einerseits ein Anfang war, andererseits aber auch die Inkarnation Gottes als der „ganze" Christus, dessen Weg mit den Stationen Passion, Auferstehung und Erhöhung und damit auch dessen ganzes, vollkommenes Menschsein in der Krippe bereits auf reale, wenn auch geheimnisvolle Weise gegenwärtig war.

Deshalb sollten die Christen auf der spirituellen Ebene das Gleiche tun, was die Fürsten und Weisen auch gemäß der Geschichte anderer Religionen, in denen ein göttliches Kind eine Rolle spielt, auf reale Weise getan haben: Sie sollten sich auf den Weg machen, um dieses Kind zu suchen und es zu lieben.

5. Was bedeutet Menschwerdung?

Wie können wir heute über Menschwerdung denken? Was sagen uns solche Denkmodelle aus der Antike für die heutige Zeit? Können wir sie in unser Weltbild übersetzen, oder müssen wir sie verabschieden? Es gibt viele Gründe, zu glauben, dass wir auch heute noch sinnvoll von Menschwerdung sprechen können. Allerdings müssen wir genau sagen, was wir damit meinen.

Menschwerdung Gottes

Die alten Kulturen erzählen also von göttlichen Menschwerdungen, wenn die Menschen in Not geraten und bedroht sind. Es waren göttliche Wesen, die in Menschengestalt Gefahren abwenden konnten. Wie können wir dies heute verstehen? Wer ist für uns Gott?

Auch wir können in unserem naturwissenschaftlichen Denken davon ausgehen, dass der Kosmosprozess nicht dem „Zufall", nicht der „Selbstorganisation" der Materie und nicht der „Selbstordnung" des Chaos entstammt. Es ist sehr plausibel, einen göttlichen „Urgrund" als eine erste Ursache für den Kosmos und das Leben anzunehmen. Dies kann und will Wissenschaft gar nicht bestreiten.

Da wir Menschen mit Vernunft begabte Lebewesen sind, können wir im Kosmosprozess und im Prozess des Lebens vernünftige Strukturen und Gesetze erkennen. Das sind die sog. Naturgesetze. Von daher schließen wir auf einen vernünftigen Urheber oder Verursacher dieser Prozesse und Gesetze. Diesen nennen wir in den herkömmlichen Sprachmodellen „Gott" oder die Gottheit, den göttlichen Urgrund und ähnlich.

Nun stellen sich viele alte Kulturen und Religionen diesen göttlichen Urgrund als persönliches und uns Menschen ähnliches Wesen vor. Auch dies erscheint

plausibel und möglich, weil wir Menschen mit Vernunft begabt sind. Die Vernunft macht unser Personsein erst möglich. Folglich schließen wir auch in der Gottheit von der Vernünftigkeit auf das Personsein.
Natürlich ist der göttliche „Schöpfer" ungleich größer als wir Menschen uns vorstellen können. Doch Personsein ist ein möglicher Aspekt der Gottheit, das widerspricht nicht dem kritischen Denken. Nun gibt es in allen Kulturen sehr verschiedene Vorstellungen von der Gottheit.

a) Da ist zunächst die Vorstellung von einem ewigen „Urgrund", der keine menschenähnlichen und persönlichen Züge trägt, den wir gar nicht erfassen können. So sprechen die Mythen Indiens vom göttlichen „Ureinen", das zu meditieren beginnt. Die Mythen Chinas sprechen vom göttlichen „Urgrund" (Tao), der für uns Menschen unfassbar bleibt. Dieser Urgrund umschließt alle Gegensätze, er ist weiblich und männlich. Alles Werdende wird aus ihm geboren und kehrt zu ihm zurück.
b) Das zweite Modell ist die Vorstellung von einem göttlichen Wesen, das uns Menschen ähnlich (anthropomorph), folglich auch personähnlich oder personal ist. Sie findet sich in vielen Religionen und Kulturen. Darin wird die unverfügbare Gottheit für uns ansprechbar (Gott: vgl. germanisch guda = die Ansprechbaren). Wir können zu ihr eine persönliche Beziehung der Liebe und der Hingabe entwickeln.
   Die Gefahr dabei ist, dass wir das unfassbare und unverfügbare Geheimnis der Gottheit zu sehr vermenschlichen und in ihrem Wesen missverstehen. Diese Gefahr ist im Christentum groß, die antiken Philosophen haben davor gewarnt. Was kann Menschwerdung nach diesen beiden Denkmodellen bedeuten?

Der göttliche Urgrund

Wenn die Gottheit als unbegreifbarer göttlicher Urgrund gesehen wird, der keine menschenähnlichen Züge trägt, dann müssen wir erkennen: In unserem Denken kommen wir nie ganz ohne Vorstellungen und Anschauungsformen

(Kant) aus. So machen wir uns auch von der Gottheit immer Vorstellungen; auch wenn wir wissen, dass wir ihr Wesen nicht erfassen können.
Menschwerdung des Göttlichen könnte nach diesem Modell bedeuten, dass sich der göttliche „Urgrund" in jedem Geschöpf partiell verwirklicht: in den Gestirnen, in der Energie, in der Materie, in den geistigen Denkprozessen, in den Lebewesen, in uns Menschen, in unserer Vernunft, in unseren Gefühlen. Zum Teil verwirklicht sich der göttliche Urgrund in jedem Lebewesen in jeder Pflanze, jedem Tier und jedem Menschen.
Nun gibt es unter uns Personen, in denen die göttliche Menschwerdung deutlicher und intensiver geschieht als in anderen. Um das zu verstehen, müssen wir das Göttliche als das beschreiben, das Leben schafft und entfaltet. Dann ist das Kriterium unserer Menschwerdung die Entfaltung von Leben im sozialen Umfeld. Menschwerdung gelingt uns nur dann, wenn es uns gelingt, einander zu lieben. Denn der göttliche Urgrund hat in uns allen die Fähigkeit zur Liebe geschaffen.
Nach diesem Modell ist Jesus von Nazaret ein Mensch, in dem konzentrierte göttliche Lebenskraft war, der viel Liebe in die Welt gebracht hat. Er hat dazu beigetragen, dass Menschen in seiner Nachfolge begonnen haben, mitfühlend und helfend mit anderen zu leben. Jesus war ein besonders liebesfähiger Mensch. Doch wenn wir dies sagen, müssen wir bedenken, dass in unserer Kulturgeschichte die Frauen durch ihren Instinkt der „Brutpflege" die Liebesfähigkeit entfaltet haben, durch Tausende und Millionen von Jahren. Männer haben sie von den Frauen gelernt.

Ein persönlicher Gott

Wenn die Gottheit ein persönliches und menschenähnliches Wesen ist, dann muss sie weiblich und männlich sein. Dann aber ist jedes patriarchale Gottesbild ein schwerer Verstoß gegen die Frauen und eine strukturelle „Sünde" der Kultur. Menschwerdung der Gottheit bedeutet, dass sie uns mit ihrer schöpferischen Urkraft näher kommt und dass wir von dieser Dynamik erfasst werden.

Wenn der persönliche Weltgott in Jesus von Nazaret ein Mensch wurde, dann bedeutet dies, dass dieser Menschensohn besonders dem göttlichen Ursprung nahe war und ist. Er lebte intensiv von seiner göttlichen Mutter und seinem Vater her. In jeder menschlichen Geburt geschieht ein Stück Menschwerdung der göttlichen Schöpferkraft.
Wenn Jesus ein einzigartiger „Sohn" Gottes ist, dann lebt er in besonderer Intensität von seinem Ursprung her, dann ist er ein einzigartig liebesfähiger Mensch. Er wollte für viele andere da sein, um ihr Leben zu entfalten. Er lehrte die Menschen Mitgefühl und Nächstenliebe, denn wir können einander unsere ursprünglichen und authentischen Bedürfnisse sehr wohl befriedigen.
Doch Jesus hatte seine Liebesfähigkeit wie alle Menschenkinder von seiner menschlichen Mutter mitbekommen. Es sind vor allem die weiblichen Bezugspersonen, von denen wir zu lieben lernen, weil wir von ihnen zuerst Zuwendung und Geborgenheit geschenkt bekommen. In Jesus und in seiner Mutter war die göttliche Liebeskraft einzigartig wirksam. Deswegen nennen wir ihn einen göttlichen Sohn und sie eine göttliche Mutter.
Nun sagen einige der frühen Theologen, mit der Menschwerdung Gottes in Jesus werde die Menschheit „vergöttlicht". Was kann das für uns heute heißen? Ist das eine Auflösung der Grenze zwischen dem Göttlichen und dem Menschlichen, dem Verfügbaren und dem Unverfügbaren? Wird damit die Welt des Göttlichen selbst aufgelöst?
Das muss keineswegs der Fall sein, wenn wir das Göttliche sinnvoll beschreiben. Es ist das Unverfügbare, das Unbegreifliche, das Geheimnis in unserem Dasein. Auch mit modernstem Wissen und bester Technologie können wir über das Unverfügbare nicht verfügen. Wir können das Unbegreifliche im Kosmosprozess nicht verstehen. So bleibt uns das Göttliche unnahbar, aber es kommt uns näher. Viele Religionen beschreiben das Göttliche als die Kraft des Lebens und der Liebe. Wir ahnen genau, was Leben und Liebe sind.
Durch die Menschwerdung Jesu und anderer Menschen kommt uns das Göttliche näher. Und wir nähern uns dem Unverfügbaren, der intensiven Kraft des Lebens und der Liebe. Jesus hat wie andere göttliche Söhne und Töchter viel an Liebesfähigkeit und Lebensentfaltung in unsere Welt gebracht. Er hat uns viele

Möglichkeiten des mitfühlenden Lebens und der freien Lebensentfaltung gezeigt. Von ihm sagen wir, dass er uns aus der Macht des Bösen und der Sünde befreite. Er hat uns Wege gezeigt, wie wir den Hass und die Feindschaft hinter uns lassen können, wie die Versöhnung der Feinde möglich wird. Wenn das Wesen der Gottheit in der Dynamik der Liebe besteht, dann nähern sich liebende Menschen dem göttlichen Geheimnis. Wir alle sind zur Liebe fähig, wie immer unsere Geschichte und unsere Situation sein mögen.

Menschwerdung der Menschen

Wenn uns die göttliche Menschwerdung die ungeheure Dynamik des Lebens und der Liebe näher bringt, dann besteht unsere Menschwerdung darin, dass wir ein Leben lang um mehr Mitgefühl und Nächstenhilfe ringen. Wir sind Lernende und in Entwicklung, einer am anderen. Gemeinsam entfalten wir unsere humanen Möglichkeiten, wir sind von Natur her soziale Wesen.

Doch wie lernen wir mehr Lebensentfaltung und Liebesfähigkeit? In uns allen ist das biologische Bedürfnis nach Überleben, nach Geschütztsein und Geborgenheit. In uns ist auch die Fähigkeit, den Mitmenschen im Leben zu helfen und mit ihnen zu fühlen. Beide Fähigkeiten müssen wir in unserer Kultur entfalten. Denn in uns ist immer auch der biologische Instinkt der Aggressivität und des Hasses.

Dies ist unser biologisches Erbe, vor ihm können wir nicht die Augen verschließen. Wir haben in unserer menschlichen Entwicklungsgeschichte durch 3,6 Millionen Jahre gelernt, unsere Aggression zu steuern und zu lenken, so dass wir weniger fremdes Leben zerstören. Wir haben erkannt, dass alle einen größeren Vorteil haben, wenn wir kooperativ leben, als wenn wir einander verfolgen. Es waren die weiblichen Menschen, die mit ihrem biologischen Instinkt der Pflege der Nachkommenschaft schrittweise mehr an Mitgefühl und Zuwendung in unsere Kultur gebracht haben.

Patriarchale Religionen und Kulturen müssen dieses Faktum sehr ernst bedenken und daraus Konsequenzen ziehen. Die großen Erlösergestalten der Menschheitsgeschichte, die uns von der unheimlichen Dynamik der Aggression und der Zerstörung schrittweise befreit haben, waren Frauen und nicht Männer. Das sollten wir an Weihnachten bedenken, es ist ein Fest vor allem der Frauen.

Viele Erlösergestalten

Auch die Theologen müssen diese kulturgeschichtlichen Fakten ernst nehmen. Wenn Jesus ein einzigartiger Erlöser aus der Gewalt des Bösen ist, dann gab es vor ihm unzählige weibliche Erlöserinnen. Er ist ein männlicher Erlöser, der seinen Anhängern besonders aufgefallen ist und den sie als großen Lehrer des Lebens zu verehren begannen.

Deswegen sollten wir an Weihnachten auch dieser vielen anonymen Erlösergestalten gedenken, die in der menschlichen Kultur mit großer Mehrheit Frauen waren. So ist Weihnachten ein Fest der Frauen, die mehr Liebe und Mitgefühl in unsere patriarchale Welt gebracht haben und weiterhin bringen. Und es ist ein Fest der Männer, die von Frauen sozialisiert werden, die dann um mehr Liebesfähigkeit unter ihren Geschlechtsgenossen ringen.

Wie aber geschieht heute Menschwerdung jedes Einzelnen? Wir alle haben unser biologisches Erbe, das genetisch bedingt ist. Zum anderen erleben wir eine unterschiedliche Sozialisation, damit wird jede Lebensgeschichte einmalig. Wir haben ursprüngliche und authentische Bedürfnisse, die durch unsere Lebensgeschichte oft verdeckt werden. Nun besteht Menschwerdung darin, dass wir in den verschiedenen Lebensphasen diese Bedürfnisse aufdecken und entfalten.

Menschwerdung bedeutet für uns heute, dass wir in kleinen Schritten lernen, unsere ursprüngliche Bedürfnisse zu erkennen und sie uns gegenseitig zu befriedigen. Am stärksten ist unsere Sehnsucht nach Liebe und Geborgenheit, denn wir alle wollen lieben können und geliebt werden. Doch in unserer frühen Lebensgeschichte bekommen wir viele Verbote mit, die es uns schwer machen, unsere authentischen Bedürfnisse zu entfalten. Zum anderen tragen wir alle seelischen Verletzungen mit uns, damit müssen wir leben.

Menschwerdung bedeutet nun, dass wir diese Verletzungen sehen und annehmen lernen, dass wir unsere unbewussten Liebesverbote aufdecken. Erst dann wird es uns möglich, dass wir einander gegenseitig unsere Verletzungen lindern und heilen können. Wir können alte Frustrationen und Deprivationen loslassen und lebensfeindliche Verbote abwerfen, wenn wir es wollen. Für einige ist der Weg zu Liebesfähigkeit sehr weit, für andere ist er kürzer.

Wer in der frühen Kindheit viel an Zuwendung und Liebe erfahren hat, der wird leichter als andere Hilfe und Mitgefühl weitergeben können. Doch wer wenig Zuwendung bekommen hat, wird sich ein Leben lang schwer tun, anderen zu helfen und mit ihnen zu fühlen. Wir haben bei weitem nicht dieselben Startbedingungen im Leben. Daher geht es nicht um die erreichten Ziele, sondern um unser Ringen um diese.

Wenn wir Weihnachten als Fest der Menschwerdung feiern, dann sollen wir jedes Jahr darüber nachdenken, wie weit wir auf diesem Lernweg gekommen sind. Und wir sollten bedenken, welche unsere authentischen Bedürfnisse sind und ob wir sie uns selber und unseren nächsten Mitmenschen zu befriedigen trachten. Weihnachten ist ein Fest der Liebe, bei dem wir uns gegenseitig in unserer Liebesfähigkeit unterstützen wollen. Wir benötigen von Jahr zu Jahr einen starken Impuls, um auf dem Weg unserer Menschwerdung voranzukommen. Dies gilt für jedes Lebensalter.

6. Was heisst Erlösung?

Wir sagen, Weihnachten sei das Fest der Erlösung, weil dem Volk ein „Erlöser" geboren wurde. Nach christlicher Lehre hat Jesus die Menschen aus der Macht der Sünde und des Todes erlöst. Doch wie können wir solche Bekenntnisse heute verstehen?

Die frühen Christen waren überzeugt, dass die Menschen in der Macht der Sünde gefangen sind, dass sie deswegen ständig Kriege führen und einander töten in großer Zahl. Sie sagen, dies sei die Sünde des Urmenschenpaares Adam und Eva, die sich auf alle Menschen vererbe. Deswegen tun wir Menschen einander Böses: Wir stehlen und rauben, wir lügen und verleumden, wir hassen einander.

Paulus von Tarsos war der Überzeugung, dass alle Menschen der Macht der Sünde verfallen seien und sich nicht aus eigener Kraft daraus befreien können. Deswegen wartet auf sie alle das göttliche „Zorngericht", weil sie nicht den Geboten des göttlichen Schöpfers folgen. Doch Jesus habe den Menschen das Gute gelehrt. Durch seinen Tod am Kreuz sei der göttliche Schöpfer versöhnt, er werde die Strafe von den Menschen abwenden.

Durch den Opfertod Jesu, der ein „Sühnetod" war, sei göttliche Lebenskraft („Gnade") in die Menschenwelt gekommen. Die Macht der Sünde und des Todes sei gebrochen worden, die Menschen seien neu geschaffen worden für die Liebe. Wer sich den Lehren Jesu anschließe, der werde ein neuer Mensch, denn er könne und müsse das Gute tun und die Liebe verwirklichen. Auf ihn wartet ewiges und glückliches Leben.

Egoismus der Gene?

Wie können wir solche Lehren heute in einem naturwissenschaftlichen Weltbild verstehen? Wir müssen davon ausgehen, dass zu unserem biologischen Erbe die Fähigkeit zu Aggression und Zerstörung von Leben gehört. Besonders das männliche Geschlecht ist davon betroffen, dies erkennen wir bei den uns verwandten Tierarten (Hominiden). Wir Menschen sind fähig, einander bis aufs Blut zu bekämpfen und zu töten. Und wir tun es auch.

Auf der anderen Seite will jedes Leben, auch von seiner biologischen Struktur her, sein Dasein entfalten. Soziobiologen haben von einem „Egoismus der Gene" gesprochen. Jeder Mensch will sein Leben entfalten, so gut er es innerhalb seiner Grenzen und Begabungen kann. Wir wollen allesamt etwas Lust und Glück erleben, wir möchten unsere ursprünglichen Bedürfnisse befriedigen.

Nun sind wir aber soziale Wesen, wir können als Einzelne gar nicht überleben. Biologen sagen, wir seien Herdenwesen. Deswegen leben wir in Gruppen, denn dort erleben wir Schutz und Geborgenheit. Doch viele Gruppen bedrohen und töten einander. Auch Einzelpersonen töten fremdes Leben. Und wir verstehen es gut, unser Töten moralisch zu rechtfertigen.

Heute haben wir die Techniken des Tötens ungleich verbessert, wir tun es weithin mit automatischen und mit atomaren Waffen. Allein im 20. Jh. wurden mehr als 200 Millionen Menschen auf grausame und gewaltsame Weise getötet. So haben viele Sehnsucht nach Frieden. Doch einige rüsten unentwegt für das Zerstören von Leben. Wenn wir genau hinsehen, erkennen wir, dass dies fanatische Minderheiten sind. Doch sie genügen, um das große Töten zu beginnen. Wir wissen heute ziemlich genau, wie gewalt- und tötungsbereite Menschen sozialisiert werden. Denn niemand wird als Mörder geboren. Diese Personen erfahren in ihrer frühen Lebensgeschichte tiefe seelische Verletzungen und Deprivationen. Viele ihrer ursprünglichen Bedürfnisse wurden ihnen nicht erfüllt. Deswegen beginnen sie, ihre Mitmenschen zu hassen und sich an ihnen zu rächen. Sie zerstören fremdes Leben, wo immer sie können.

Zu diesen lebensfeindlichen Fanatikern gehören die großen Diktatoren des letzten Jahrhunderts und ihre vielen Mitläufer und Anhänger. Sie zerstören latent auch ihr eigenes Leben, sie haben Lust am Töten in großer Zahl. Doch gleichzeitig spielen sie den Mitmenschen edle Werte und Ziele vor. Die Massenmörder sind die großen Täuscher, doch viele Zeitgenossen lassen sich gerne von ihnen verführen. Vor allem unter Männern ist die Bereitschaft zu Aggression und Zerstörung weiterhin groß.

Erlernen von Mitgefühl

Was bedeutet nun „Erlösung" aus diesem Teufelskreis der Gewalt und des Tötens? Mit unserer Vernunft erkennen wir, dass es für jeden Menschen besser ist, wenn wir in Frieden miteinander leben und einander beschützen. Wir sehen, dass dies unserer inneren Natur entspricht, denn wir alle möchten unser Leben entfalten und verwirklichen. So ist es vor allem unsere kritische Vernunft, die uns schrittweise aus dem Teufelskreis des Tötens befreien kann. Die Philosophen in allen Kulturen haben uns Wege des humanen Lebens gezeigt.

Zum anderen hilft uns das Erlernen von Mitgefühl und Nächstenliebe, so dass wir friedlich zusammenleben können. Auch diese biologische Fähigkeit ist uns angeboren. Aber es waren vor allem die Frauen, die den Instinkt der Pflege der Nachkommenschaft entfaltet haben. Sie sind die großen „Erlöserinnen" der Menschheit aus dem Teufelskreis der gegenseitigen Zerstörung und Rache. Doch es gibt in jeder Kultur auch Männergestalten, die Mitgefühl und Nächstenliebe gelebt haben und die unzählige Mitmenschen dazu motivieren konnten.

Zu diesen männlichen Erlösergestalten gehören: Jesus von Nazaret, aber auch der Buddha, Sokrates, Krishna, Laotse, Meng tse, Mo ti und viele andere. Doch die große Erlösergestalt unserer Kultur ist Jesus von Nazaret, der „Gesalbte" Gottes. Von ihm wird erzählt, dass er den Armen geholfen und die Kranken geheilt hat. Paulus von Tarsos sagt über ihn, er habe für die Mitmenschen gelebt und sei für sie in den Tod gegangen. Dadurch seien göttliche Gnade und Liebeskraft in die Menschenwelt gekommen. Alle hätten nun die Möglichkeit, ihr Leben neu zu gestalten und mehr an Liebe zu entfalten.

So ist Weihnachten das Fest unserer möglichen und unserer tatsächlichen Erlösung aus der Verkettung in die Schuld, aus der Verstrickung in den Hass, aus dem Kreislauf der Gewalt, aus dem Fanatismus des Tötens. Es sagt uns jedes Jahr, dass wir nicht hassen müssen, wenn wir es nicht wollen; dass wir alle fähig sind zu Liebe und Mitgefühl. So ist jedes Weihnachten das Fest unserer Menschwerdung und unserer Humanisierung; ein Fest der Liebe, in die wir uns nur in kleinen Schritten einüben können.

Doch was ist Liebe konkret? Sie verbindet ein tiefes Gefühl mit unserem helfenden Verhalten. Am Anfang steht immer das Mitgefühl mit den Armen, den Leidenden und den Schwachen. Aus ihm wächst das Wissen, dass auch diese Menschen ihr Leben entfalten wollen, dass auch sie etwas Glück erleben möchten. Wir können einander unsere authentischen Wünsche und Bedürfnisse befriedigen, wenn wir es wollen. In der Liebe versuchen wir ständig, dies zu tun. Wir alle sind zur Liebe fähig, wie immer unsere Lebensgeschichte verlaufen sein mag. Dies ist die große Botschaft von Weihnachten.

Erlösergestalten sind also liebende Menschen, mögen sie weiblich oder männlich sein. Hier sind die Frauen von ihrer biologischen Struktur her die großen Lehrmeisterinnen der Liebe und des Mitgefühls. In der Liebe spielen Fühlen und Denken, Wollen und Handeln zusammen. Wir müssen einander nicht sympathisch sein, um Nächstenliebe verwirklichen zu können. Doch bei der erotischen Liebe kommt noch eine neue Qualität der Erfahrung hinzu.

So ist Weihnachten das große Fest der Liebe im umfassenden Sinn, der Nächstenliebe und der erotischen Liebe. Denn jede Geburt wird vorbereitet durch sinnliche Lust. Jedes Jahr dürfen wir uns dieser wunderbaren Fähigkeit freuen, wir danken dem göttlichen Schöpfer für dieses große Geschenk. Weihnachten ist auch die Zeit, in der wir uns Jahr für Jahr darüber Rechenschaft geben, wie weit wir auf dem Lebensweg der Liebe vorangekommen sind. Es ist das Fest unserer Menschwerdung, die uns nur in der Gemeinschaft gelingt.

7. Das Geheimnis der Geburt

Zu Weihnachten feiern wir die Geburt des Jesus von Nazaret aus der „Jungfrau“ Maria. Doch gleichzeitig feiern wir die Geburt jedes Menschen, unser aller Geburt. Wir gedenken aller Menschen, die im letzten Jahr weltweit geboren wurden; auch derer, die im nächsten Jahr geboren werden. Wir denken auch an alle, die bei oder kurz nach der Geburt gestorben sind; aber auch an diejenigen, die im Mutterschoß starben oder getötet wurden.

Doch was bedeutet die Geburt für unser Leben? Sie ist nicht der Anfang des Lebens, dieses beginnt mit der Verbindung einer Eizelle und einer Samenzelle. Wir werden längst im Mutterleib geformt und geprägt. Alle Lebewesen, die zwei Geschlechter bilden, vereinigen eine Eizelle und eine Samenzelle. Daraus bildet sich neues Leben. Dabei vermischen sich männliche und weibliche Chromosomen und Gene. Und jeder Mensch wird von seiner genetischen Struktur her ein einmaliges Wesen.

Die Vereinigung von weiblichen und männlichen Zellen haben wir mit den Pflanzen und Tieren gemeinsam. Manche Lebewesen vermehren sich zeitweise eingeschlechtlich, dann wieder zweigeschlechtlich. Die Geburt von Leben haben wir mit allen Säugetieren gemeinsam. Ihre Erforschung vermindert nicht unsere Ehrfurcht vor dem Leben.

Schauen wir nun auf die menschliche Zeugung und Geburt von Leben. Beides ist für uns mit tief empfundener Erotik verbunden. Beide Geschlechter ziehen sich an und sind voneinander fasziniert. Beide werden sexuell erregt, im erotischen Liebesspiel vereinigen sie Eizellen und Samenzellen. Es ist ein wunderbares Geschenk der Natur und des göttlichen Schöpfers, dass jedes Leben aus tiefer sinnlicher Erregung und Lust stammt.

Oft ist die Verbindung der Geschlechter mit erotischer Ekstase verbunden, die Liebenden fühlen sich dem göttlichen „Urgrund“ oder Schöpfer sehr nahe. Sie spüren Göttliches und Heiliges in ihren Körpern strömen, sie wissen sich dem göttlichen Schöpfungswerk tief verbunden. Andere sagen, dass sie auf den göttlichen Schöpfer stoßen, wenn sie sich sinnlich lieben. Tiefes Glück bemächtigt sich beider Geschlechter, wenn sie eng umschlungen beieinander liegen.

Zeit der Schwangerschaft

Dann erwachen sie aus der sinnlichen Erregung. Und in den Frauen beginnt neues Leben zu wachsen. Zwei Zellen vereinigen sich, die befruchtete Zelle beginnt sich zu teilen, millionenfach. Genetische Codes vermischen sich, ein neues Menschenleben ist im Entstehen. Es bilden sich die Grundstrukturen des Körpers, der Organe, des Kreislaufs. Früh bilden sich Gliedmaßen, Kopf und Rumpf, Nervenzellen und Blutbahnen.
In jedem Monat können wir durch moderne Technologien verfolgen, wie ein neues Leben im Bauch der Mutter heranwächst. Sie erlebt nun ihren Körper und ihre Weiblichkeit intensiv. Denn sie spürt das junge Leben in sich, ihr Hormonspiegel stellt sich um. Nun muss sie ihr Leben mit einem neuen Leben teilen, was oft mit vielen gesundheitlichen Problemen verbunden ist. Oft stehen Frauen vor der schweren Entscheidung, ob sie ein werdendes Leben austragen und für ein Kind genügend sorgen werden können.
Zu viele entscheiden sich in unserer Gesellschaft gegen ein Kind. Dann wird werdendes Leben in den ersten Monaten der Schwangerschaft abgetötet. Dies ist ein schwerer Schock für die betroffene Frau, in ihrer Seele bleiben tiefe Spuren der Verletzung. Anderen Frauen stirbt das junge Leben in ihrem Körper ab, sie können es nur tot gebären. Auch dies ist eine tiefe Verletzung für die Seele der Frau, die ganz auf die Weitergabe des Lebens eingestellt war.
Doch wenn die Schwangerschaft glückt und weitgehen darf, dann erlebt die junge Mutter die enge Symbiose mit dem heranwachsenden Kind. Dieses nimmt mit der Ausbildung des Nervensystems die wichtigsten Reize aus dem Leben der Mutter auf. Wir alle werden in unserer emotionalen Struktur längst vor unserer Geburt geprägt. Denn wir speichern Glückserlebnisse, aber auch Ängste und Verletzungen der Mutter. Auf diese Weise bildet sich unsere emotionale Lebensgeschichte.

Alle alten Kulturen wissen um das Geheimnis der Schwangerschaft. Deswegen vollziehen sie in dieser Zeit viele Riten, um die Mutter und das Kind vor bösen Einflüssen zu schützen. Sie rufen die Ahnen und die Schutzgöttinnen an, damit das Kind gesund heranreifen kann. Oder sie salben den Körper der schwangeren Frau mit Pflanzenöl, um ihre Lebenskraft zu vermehren. Sie umwickeln ihren Bauch mit einer roten Schnur, um böse Dämonen und Krankheiten von ihr fern zu halten.
Es sind vor allem Frauen, die die werdende Mutter während der Schwangerschaft begleiten. Sie wollen böse Blicke und Worte, aber auch Hass und Verfluchungen von ihr fern halten. Ihre Seele soll nicht verletzt werden. Oder sie singen für sie heilige Lieder, sie schlagen die Trommel und tanzen um die schwangere Frau herum. So tun es z. B. die Afrikaner. Immer geht es darum, die junge Mutter und das Kind zu schützen und ihnen viel Lebenskraft zu schenken.

Zeit der Geburt

Die Zeit der Geburt wird in vielen alten Kulturen ebenfalls mit vielen Riten vorbereitet und begleitet. Auch hier sind es Frauen, die Lichter anzünden, die Trommel schlagen und Lieder singen, die Gebete sprechen. Sie stehen der Gebärenden bei, so gut sie es können. Sie fungieren als Geburtshelferinnen. Erst mit dem Aufkommen der Naturwissenschaften begannen männliche Ärzte, die Geburten zu begleiten.
In allen Kulturen gilt die Geburt als gefährliches Ereignis, viele Mütter und Kinder sind dabei gestorben. Heute wissen wir, wie wir Infektionsmöglichkeiten vermindern oder beseitigen können. Die Geburt ist für jede Frau mit Schmerzen verbunden, wie gut sie auch durch Gymnastik darauf vorbereitet sein mag. Manche gebären sehr leicht, andere nur sehr schwer. Bei vielen Geburten gibt es Komplikationen, oft sind Kaiserschnitte nötig. Viele mühen sich heute um Formen der „humanen" und „sanften" Geburt.
So ist jede Geburt ein tiefes Erlebnis für eine Frau, mit Ängsten und Unsicherheiten verbunden. Sie trennt sich von dem Kind, das in ihrem Körper gewachsen

ist. Jede Geburt ist mit Blut und Wehen verbunden. Doch wenn die Wunden verheilen, wächst die Freude über das neue Leben. Aber allzu oft wird diese Freude getrübt, wenn ein Kind mit Behinderungen geboren wird oder wenn es bald nach der Geburt stirbt. Das Leben der Frau hat mit der Geburt eine neue Qualität bekommen, sie bleibt nun auf viele Jahre eng mit dem Kind verbunden.
Auch wir staunen heute bei jeder Geburt und vor jedem kleinen Kind, das in kurzer Zeit gewachsen ist und alle biologischen Fähigkeiten in sich trägt. Für viele ist eine Geburt eine Begegnung mit dem Göttlichen und Heiligen, mit der Schöpferkraft Gottes. Trotz allen medizinischen Wissens wird Geheimnisvolles und Unverfügbares erlebt. Viele beginnen in Situationen des neuen Lebens, wieder an den göttlichen Schöpfer oder den „Urgrund" des Lebens zu glauben. Das Staunen ist uns trotz der Wissenschaft nicht abhanden gekommen.
Viele mühen sich heute, eine Geburt mit Riten zu feiern. Dies kann natürlich nicht während, sondern nur nach der Geburt geschehen, wenn sich die Mutter von allen Anstrengungen erholt hat. Auch hier lernen wir von fremden Kulturen. Wir singen Lieder der Dankbarkeit und der Freude, wir spielen zarte Musik, wir sprechen Gebete und Wünsche. Oder wir tanzen um die junge Mutter und das Kind, um ihre Lebenskraft zu stärken.
Manche salben nun die Mutter und das Kind mit heiligem Öl, sie sprechen beiden gute Wünsche zu. Die Frauen zeigen ihre Solidarität und Hilfsbereitschaft, Freunde begleiten die junge Mutter. Sie geben dem Kind einen Namen und wünschen ihm ein gutes Schicksal.
Wichtig ist bei jeder Geburt das Erleben der Gemeinschaft, der Frauen und der Männer. Auch die Erfahrung der Sinnlichkeit kann vertieft werden, denn jede Geburt bereichert unser Leben.
Christen lassen ihre Kinder bald nach der Geburt taufen. Bei diesem Ritual geht es symbolhaft einerseits um die Befreiung des Kindes von lebensfeindlichen Kräften (sog. „Erbsünde"), zum anderen um die Stärkung der Lebenskraft („Gnade"). Das Kind und die Mutter sollen sich beim göttlichen Schöpfer geschützt und geborgen fühlen, ein „Schutzengel" soll das Kind begleiten. Die Familie erlebt sich als Gemeinschaft, die dem Kind helfend zur Seite stehen will. Mit der Taufe ist die Namensgebung verbunden, Wasser und Salböl sind symbolische Zeichen.

Fest der Liebe

So ist Weihnachten ein Fest der Liebe, im doppelten Sinn des Wortes: ein Fest der Nächstenliebe und ein Fest der sinnlichen Liebe. Denn jede Geburt setzt Sinnlichkeit und Erotik voraus. Selbst die Invitro-Befruchtung setzt die sinnliche Erregung des Mannes voraus. Freilich laufen wir bei den künstlichen Formen der Befruchtung Gefahr, die ursprünglichen Erfahrungen der Lebensweitergabe abzuschwächen und zu verwischen. Daher sollten wir maßvoll mit ihr umgehen. Geburt und Erotik gehören von ihrem Ursprung her zusammen.

Hier soll nur über die zweifache Form der Liebe nachgedacht werden. Es ist die Nächstenliebe, die unser Leben bereichert und wertvoll werden lässt. Wir alle sind auf die Liebe anderer Menschen angewiesen, zuerst unserer Mütter und Väter, unserer frühen Bezugspersonen. Nur weil wir Geborgenheit und Zuwendung erfahren, werden wir fähig, später anderen Menschen Mitgefühl und Liebe zu schenken.

Wer viel empfangen hat, wird auch viel weitergeben können. Doch wer nur wenig empfangen hat, soll sich ebenfalls mühen, Mitgefühl zu anderen zu lernen. Denn lieben und geliebt zu werden, gehört zu unseren ursprünglichen Bedürfnissen. Wir Menschen sind fähig, einander diese Bedürfnisse zu befriedigen. An dieses Wunder des Lebens erinnern wir uns zu Weihnachten, wenn wir das Fest der Erlösung feiern.

So kann uns jedes Weihnachtsfest zu einer Motivation werden, mehr als bisher auf die Bedürfnisse und Nöte unserer konkreten Mitmenschen zu achten. Wir machen einander zu dieser Zeit große Geschenke, das ist gut. Doch wir sollten einander auch Zeit schenken, um uns besser verstehen zu können: Zeit zum Zuhören und Mitfühlen, für den Ehepartner, für die Kinder, für Freunde, für Verwandte, für Eltern, für Arbeitskollegen, für Freizeitpartner. Wir haben viel Zeit, die wir miteinander teilen können.

Weihnachten ist die Zeit, in der wir mehr als gewöhnlich auf die Nöte der Mitmenschen achten. Wir geben Geld und Gaben für Kinder in Not, für Flüchtlinge, für Vertriebene, für Kriegsopfer. Wir weiten unser Herz und zeigen Nächstenliebe, so weit wir können. Doch auch auf die seelischen Notlagen von

Mitmenschen sollten wir achten, denn viele brauchen Mitgefühl und Ermutigung in schweren Situationen. Auch wenn dies Asketen nicht zu glauben vermögen, Weihnachten ist auch ein Fest der erotischen Liebe. Vom Geheimnis der Geburt her begreifen wir unsere Sinnlichkeit neu. Sie gehört zur Lebensweitergabe und zu unserem sozialen Leben. Als Frauen und als Männer sind wir sinnliche und erotische Wesen, in uns ist die Sehnsucht nach Ekstase. Darin erleben wir, dass wir eins werden können mit dem göttlichen Schöpfer. Wir kommen dem Heiligen, dem Göttlichen und dem Unverfügbaren sehr nahe.
Für viele Kulturen ist das erotische Liebesspiel der Geschlechter eine Begegnung mit dem göttlichen Schöpfer. Denn er hat diese Kräfte in unser Leben gelegt. Wenn wir ihn abbilden, dann sind diese Kräfte der Liebe in ihm grundgelegt. So haben wir die volle Erlaubnis, diese wunderbaren Kräfte in uns zu entfalten. Wir erleben Sexualität als tiefes Geheimnis, trotz unseres biologischen Wissens, denn wir stoßen in Tiefenschichten unserer Seele vor.
So ist Weihnachten auch eine Zeit, in der wir uns unserer Sinnlichkeit freuen dürfen. Es ist gut, wenn wir von Zeit zu Zeit darüber nachdenken, wie unsere erotischen Beziehungen sind und wo wir Störungen erleben. An Weihnachten dürfen sich beide Geschlechter ihrer Sinnlichkeit freuen. Wir sollen unsere sozialen Beziehungen verbessern. Frauen können mehr als bisher ihr weibliches Erleben in diese einbringen. Wenn Weihnachten ein patriarchales Fest war, an dem der göttliche Sohn geboren wurde, so soll es in Zukunft ein partnerschaftliches Fest für beide Geschlechter werden. Wir gedenken in dieser Zeit der Geburt Jesu, aber auch der vielen göttlichen Töchter und Söhne. Frauen sind in unserer Kulturgeschichte die Lehrmeisterinnen der Liebe, sie werden es auch bleiben. Das sollten wir zu Weihnachten bedenken und feiern.
Wir haben heute viele Möglichkeiten, Weihnachten neu zu verstehen und zu gestalten. Ausgehen werden wir weiterhin vom Fest der göttlichen Geburt, die einmalig geschehen ist und die in jedem Menschen zum Teil geschehen kann. Wir feiern das Fest unserer fortschreitenden Menschwerdung und unserer möglichen Erlösung vom Bösen. Zu dieser faszinierenden Zeit sagen wir uns gegenseitig, dass unter uns die Liebe möglich ist und dass wir um sie ringen wollen. Allerdings erleben wir Liebe immer in vielgestaltiger Form.

8. Bilder der Gottesmutter

Weihnachten ist also im besonderen ein Fest der Frauen. Wir feiern die Geburt eines göttlichen Kindes und damit die Geburt aller Menschen. Dabei denken wir an Maria aus Nazaret und ihre glückliche Geburt. Doch wir denken auch an unsere eigene Geburt. Maria wird schon früh von den Christen als eine besondere Frau und Mutter gepriesen. Sie erbt fast alle Titel der griechischen Göttinnen, bald wird sie „Gottesmutter" genannt. Doch es sind sehr verschiedene Bilder, mit denen Maria in unserer Kultur gezeichnet wird.
Für Paulus von Tarsos ist sie einfach eine „Frau", von der Jesus geboren wurde. Er kennt nicht ihren Namen. Doch die Evangelisten erzählen bereits wunderbare Geschichten von ihrer göttlichen Geburt. Und die griechischen Theologen nennen sie „Jungfrau", wie es die griechischen Göttinnen waren. Das sind Frauen, die sich keinem Mann unterwerfen, die autonom über ihr Leben und ihre Sexualität bestimmen. So also verstanden die Griechen diesen Titel.

Maria als Jungfrau

Wenn aber Jesus ein göttlicher Sohn war, dann musste er einen göttlichen Vater haben. Wie Zeus über die Königstochter Danae als Goldregen kam, so kam die göttliche Lebenskraft (Pneuma) über Maria. Sie wurde schwanger. Später heiratete sie und gebar noch weitere Söhne und Töchter. Doch asketische Theologen leiteten aus dem Titel der „Jungfrau" ab, dass Maria zeit ihres Lebens mit keinem Mann sexuell intim war.
Damit aber kam ein stark lebensfeindlicher Zug in die christliche Kultur, menschliche Sexualität wurde als sündhaft abgewertet. Und Maria wurde von vielen asketischen Theologen denaturiert, sie war keine irdische Frau mehr. Doch im Grund erkennen wir in der christlichen Kultur drei verschiedene Marienbilder, die nebeneinander bestehen. Sie sollen kurz skizziert werden.

Nach der Lehre der asketischen Männertheologen ist Maria die „reine Jungfrau", die ohne entfaltete Sexualität lebte. Sie sei vor, bei und nach ihrer Geburt eine Jungfrau im biologischen Sinn geblieben. Nun haben viele Asketen Maria aus Nazaret hoch in den Himmel erhoben, aber gleichzeitig die Frauen auf der Erde abgewertet und verfolgt. Ihre Nachfolger haben unzählbare Frauen als „Hexen" auf den Scheiterhaufen verbrennen lassen. Doch dieses asketische Marienbild wird heute nur mehr von einer Minderheit der Gläubigen akzeptiert.

Ziemlich anders ist das Marienbild des christlichen Volkes, das nicht den Lehren der Theologen folgte. Für die meisten Laienchristen ist Maria eine menschliche Frau und eine göttliche Mutter zugleich. Zu ihr kommen sie mit ihren Nöten und Sorgen, denn sie besänftigt den zornigen Vatergott. Das Volk verehrt Maria seit der Antike wie eine Göttin, als die weibliche Seite der Gottheit. Denn sie hat die griechischen und die römischen Göttinnen beerbt. So beschützt sie die Frauen beim Gebären, und sie schenkt ihnen das sexuelle Liebesglück – was vorher Athena, Hera, Aphrodite, Venus und viele andere taten. So betet das christliche Volk ungleich mehr zur himmlischen Gottesmutter als zur männlichen Trinität, zu Vater, Sohn und Heiligem Geist.

Maria als korporative Person

Ein anderes Marienbild wird heute von der feministischen Theologie entworfen. Da wird Maria zunehmend als korporative Person (corporative identity) gesehen, die für alle Frauen in unserer Kultur steht. Sie drückt die Erfahrungen des gesamten weiblichen Geschlechts aus und erhebt diese zum Himmel und zum Göttlichen. Alle Frauen jedes Alters und jeder Hautfarbe können sich mit ihr identifizieren.

Zum anderen steht Maria für die vielen Göttinnen, die von den Theologen dämonisiert worden sind. Sie steht für die große Urmutter Gaia, die alles Leben geboren hat und weiterhin gebiert. Sie steht für die vielen Schutzgöttinnen der sinnlichen Liebe, die den Frauen Lebenskraft schenkt. Aber sie steht auch für die Schutzgöttinnen der Geburt, die den Müttern gesunde Kinder schenkt.

Diese drei Bilder der Gottesmutter können wir also heute erkennen. Die offizielle Kirche bleibt beim asketischen Marienbild der Theologen, doch nur mehr eine Minderheit von Gläubigen folgt ihr. Die Mehrheit der Christen übernimmt das zweite und das dritte Bild von Maria. Vor allem Frauen sind nicht mehr bereit, sich von Männertheologen die Bilder der Gottesmutter und der himmlischen Frau vorgeben zu lassen.
So erleben wir heute einen intensiven kulturellen Lernprozess. Denn viele Zeitgenossen kehren teilweise zu den Vorstellungen der alten Göttinnen zurück. Sinnlichkeit und Sexualität werden stark aufgewertet, sie werden als höchstes Geschenk der Gottheit angesehen. Viele begreifen heute wieder, dass wir im Erleben der sexuellen Ekstase dem göttlichen Urgrund oder Schöpfer sehr nahe kommen. Das gibt ihrem Glauben eine neue Qualität.
In dieser Sichtweise bekommt auch Weihnachten eine viel weitere Dimension. Wenn Maria eine korporative Person ist, die für alle Frauen der Menschheitsgeschichte stehen kann, dann ist auch Jesus eine korporative Person, der für alle erlösten Menschen steht. Jede Kultur hat solche Personen, in der jüdischen Kultur waren es Adam und Eva. In Indien heißen sie Krishna und Radha, sie haben noch viele andere Namen.
Wenn wir Maria als göttliche Mutter verehren, weil sie einen göttlichen Sohn geboren hat, dann sagen wir, dass in jeder Geburt etwas Göttliches und Heiliges geschieht. Der göttliche Schöpfer erschafft neues Leben mit Bewusstsein und Verstand. Aus dem göttlichen „Urgrund" wird menschliches Dasein. Gewiss war die Geburt Jesu aus Maria eine besondere und einzigartige Geburt, weil Jesus ein besonderer und einzigartiger göttlicher Sohn war. So ist Weihnachten auch das Fest aller menschlichen Geburten.

Das Urbild der Frauen

Wir gedenken an diesem Tag all der Frauen, die gesunde Kinder gebären und selber gesund bleiben. Aber wir denken auch an die, die kranke und behinderte Kinder zur Welt bringen, die tote Kinder gebären oder die bei der Geburt sterben. Wir denken auch an die Mütter, denen Kinder im Mutterleib sterben; auch derer, die keinen anderen Ausweg sehen, als werdendes Leben zu töten. Und wir erinnern uns an die vielen Frauen, die sich Kinder wünschen und keine bekommen können; auch an die Frauen, die künstlich befruchtet werden. Wir denken an die vielen Frauen, die sich aus unterschiedlichen Gründen keine Kinder wünschen.

In unserer Kultur wurde Maria von unzähligen Malern auf wunderbare Weise gemalt. Die schönsten Frauenbilder, die wir haben, stellen Maria mit dem Kind dar. Soweit Männer die Maler waren, haben sie ihre Sehnsüchte nach dem Weiblichen darin ausgedrückt, auch ihre Erinnerungen an das Mütterliche. Viele Frauen fanden in diesen Bildern Möglichkeiten der Identifikation. In Liedern und Hymnen wurde das Lob Marias gesungen, Dichter haben in zärtlicher Sprache das Geheimnis der Jungfrau besungen. Und Musiker haben große Werke der Musik zu Ehren der Gottesmutter komponiert.

So ist Maria das große Urbild und Vorbild aller Frauen in unserer Kultur. Daher ist es sinnvoll, dieses Bild mit heutigen Erfahrungen anzureichern und weiterzuentwickeln. Viele Frauen entwerfen heute ihr eigenes Bild von Maria, sie wollen keine männlichen Vorgaben mehr. Für sie ist Maria eine sinnliche und erotische Frau, die um Liebe und Zärtlichkeit ringt, die autonom zu leben versucht, die sich den Männern nicht mehr unterordnet.

So ist Weihnachten die Zeit für beide Geschlechter, um das Weibliche und das Kindliche intensiv zu erleben. Männer entwickeln ihre eigenen Bilder von der Gottesmutter. Das Kindliche ist das Zarte und Weiche, das Ungeschützte und Ursprüngliche, das aus der göttlichen Welt kommt. Wir tragen als Erwachsene immer unsere Kindheit mit uns, denn unsere frühen Erfahrungen und emotionalen Prägungen formen unser ganzes Leben.

Daher ist es sinnvoll, in der Weihnachtszeit unser eigenes Kind wieder mehr zu entdecken und lebendig werden zu lassen. Deswegen dauert die Weihnachtszeit auch fast zwei Monate, von Advent bis Mariä Lichtmess. In dieser Zeit haben wir viele Möglichkeiten, in der Familie oder mit Freunden unserer eigenen Kindheit nachzugehen und unsere ursprünglichen Sehnsüchte zu ergründen.

Doch Weihnachten ist auch ein Fest der Versöhnung der Menschen untereinander. Feinde müssen sich nicht mehr hassen, böse Taten müssen nicht mehr gerächt werden. Nach herkömmlicher Theologenlehre versöhnt sich der zornige Schöpfergott mit der sündigen Menschheit. Doch heute denken wir eher an die Versöhnung, die unter uns Menschen möglich geworden ist. So müssen wir unsere Lebensgeschichte annehmen können, damit wir unser Menschsein verwirklichen. Wir müssen uns versöhnen, wenn unter uns die Liebe möglich werden soll. Dies ist die große Botschaft des Festes, die wir in unser Leben übersetzen wollen.

9. Im Vergleich der Religionen

Um das christliche Weihnachtsfest besser zu verstehen, soll hier auf andere Religionen und Kulturen geblickt werden, in denen von göttlichen Geburten und Menschwerdungen erzählt wird. Das sind vor allem die griechische und die indische Kultur, beide sind durch indoeuropäische Sprachen verbunden.

Doch was heißt in diesen Kulturen „Gott, Göttliches, Götter"? Die Menschen erzählen in ihren frühen Mythen von den nicht verfügbaren Kräften, von denen sie sich abhängig wissen. Sie sehen diese als geheimnisvoll und ambivalent an. Denn zum einen schützen und hegen sie das Leben, zum anderen stören und töten sie es. Durch Riten, Gebete und Gesänge möchten sie auf diese Kräfte Einfluss nehmen. Sie stellen sich diese unverfügbaren Kräfte bald in vertrauten Gestalten von Tieren und von Menschen vor. In den uns bekannten Kulturen sind die göttlichen Wesen uns Menschen ähnlich, sie haben Gesichter, Hände und zwei Geschlechter, wie wir. Doch sie sind ungleich größer und stärker und lichtvoller als wir.

Die Inder nennen diese unverfügbaren Kräfte „deivas". Sie sind uns ähnlich, aber in ihnen ist ungleich mehr an Licht, an Kraft und an Größe als in uns. Diese Vorstellung und Wortwurzel finden wir in den meisten indoeuropäischen Sprachen. Die Balten nennen sie dievs, die Römer sprechen von dei, die Griechen von theioi. Immer ist in diesen Bezeichnungen Größe und Licht und Kraft ausgesagt.

Die germanischen Völker nennen diese geheimnisvollen Wesen die „anrufbaren Kräfte". Im Althochdeutschen ist die Mehrzahl „guda" (die Anrufbaren) bezeugt; in den nordischen Sprachen (Schwedisch, Dänisch, Norwegisch) heißen sie „göd"; im Englischen „God" und im Hochdeutschen „Gott". Die Götter sind also die anrufbaren Wesen, die menschliche Sprache verstehen. Gott ist die große anrufbare Person für alle Menschen.

Griechische Gottmenschen

Die griechische Mythologie erzählt von vielen göttlichen Wesen. In der Frühzeit verehrten jeder Stamm und jede Sippe ihre Schutzgötter. Auch die einzelnen Berufe und sozialen Schichten taten dies: die Krieger, die Hirten, die Bauern, die Handwerker, die Händler, die Sklaven. Die göttlichen Wesen sind männlich und weiblich, sie leben glücklich, aber sie leiden auch.
Wenn die Stämme sich vereinigen, bilden sie ein Pantheon ihrer Schutzgötter. Auch Ahnen können in die göttliche Welt eingehen. Sie heißen die „Unsterblichen" in dem Sinn, dass sie ungleich länger als die Menschen leben oder wieder zum Leben erstehen können, wenn sie getötet werden. Götter leben glücklicher als die Menschen.
Als die Philosophen begannen, über die Götter nachzudenken, da erkannten sie bald, dass diese menschliche Züge tragen. So vermuteten sie hinter den vielen Göttern einen einzigen Gott, einen göttlichen Urgrund des Kosmos. Sie waren sicher, dass sich dieses eine göttliche Wesen uns Menschen in vielen Gestalten zeigt.
Deswegen konnten die Philosophen nicht begreifen, dass die Christen beanspruchten, der eine Weltgott zeige sich nur ihnen. Sie sahen darin Gottlosigkeit und Gotteslästerung. Denn für die Griechen und Römer kann das eine göttliche Geheimnis nur in vielen Bildern und Gestalten ausgesagt werden. Die Götter kommen uns Menschen nahe, sie belohnen Gutes und bestrafen Böses.
Sie können unter uns menschliche Gestalt annehmen, wie Menschen sprechen und sich sexuell paaren. Zeus paart sich gerne mit Menschenfrauen. Diese sehen in der sexuellen Ekstase etwas Göttliches, eine Begegnung mit der Gottheit. Die Kinder dieser Frauen waren dann „Gottmenschen".

Dionysos

Er war der Schutzgott des Weines und der sinnlichen Ekstase. Der Blitzgott Zeus hatte sich mit der Königstochter Semele gepaart. Sie wurde schwanger, aber vom

Blitzstrahl getötet. Da nahm Zeus das Kind aus ihrem Leib und nähte es an seinen Schenkel. Als die Zeit reif war, wurde Dionysos aus dem Schenkel des göttlichen Vaters geboren. Er war ein Gottmensch mit einem göttlichen Vater und einer menschlichen Mutter, also mit zwei Naturen. Die Schenkelgeburt deutet auf ein Intiationsopfer hin. Der junge Knabe wurde von Nymphen in Nysa erzogen, dort entdeckte er die Weinrebe. Doch Hera, die Ehefrau des Zeus, verfolgte den Knaben. Er floh bis nach Indien.

Dann durfte er in feierlichem Festzug in das Land der Griechen zurückkehren. Sein Kultwagen wurde von Panthern gezogen, er war mit Weinreben geschmückt. Sinnlich-erotische Gestalten begleiten den Festzug: Selenen, Mainaden, Satyrn und der Gott Priapos. Die Menschen feierten ihre Sinnlichkeit und Fruchtbarkeit, sie tanzten sich in Ekstase. Frauen und Männer paarten sich am heiligen Ort, um darin der Gottheit zu begegnen, denn Sexualität war für sie etwas Göttliches.

Dann fuhr der Gott Dionysos in die Unterwelt, wo seine Mutter Semele gefangen war. Er konnte sie vom Hades freikaufen und nahm sie mit in den Götterhimmel. In festlichem Zug führte er seine Mutter in den Himmel, dort erhielt sie einen neuen Namen. Die Königstochter Ariadne nahm er sich als seine Frau mit. Die Menschen verehrten den Gottmenschen in vielen Mysterienfeiern, sie feierten ihre Sinnlichkeit und baten um Fruchtbarkeit, um ein langes Leben und ein gutes Schicksal nach dem Tod. Den Gott nannten sie den „Weinstock“, sie fühlten sich als seine „Reben“. Ebenso nannten die Christen Jesus den „neuen Dionysos“.

Herakles

Er war ein Sohn des Himmelsgottes Zeus und der Menschenfrau Alkmene. Der Gott näherte sich der Frau in der Gestalt ihres Ehemannes und verbrachte viele Liebesnächte mit ihr. Als der Ehemann später aus dem Krieg nach Hause kam, merkte Alkmene, dass sie vom Gott geschwängert wurde. Doch sie wurde auch

von ihrem Mann schwanger. So gebar sie zwei Söhne, den Herakles und den Iphiklos.
Herakles war mit außergewöhnlicher Kraft begabt, er tat den Menschen viel Gutes. Er war sterblich, aber nach seinem Tod wurde er in den Götterhimmel erhoben. Doch die Göttin Hera verfolgte den jungen Helden, er musste zwölf große Taten für die Menschen tun. So tötete er einen Löwen und eine zwölfköpfige Schlange, einen bösen Eber und eine gefährliche Hirschkuh. Diese Tiere bedrohten die Menschen.
Dann jagte er Vögel, die die Ernte fraßen. Er säuberte einen Viehstall mit Wasserbächen. Er tötete einen gefährlichen Stier und wilde Pferde, damit beendete er die Menschenopfer. Dann holte er den magischen Gürtel der Amazonenkönigin. Von fernen Ländern holte er Rinderherden und goldene Äpfel. So war er ein Wohltäter und Kulturbringer der Menschen.
Zuletzt musste er in die Unterwelt, um den Höllenhund Kerberos zu besiegen. Das war ihm gelungen, doch er ließ ihn wieder frei. Damit hatte er den Anspruch auf Unsterblichkeit gewonnen, denn er hatte den Tod besiegt. Ähnlich zog nach Lehre der Christen Jesus in die Unterwelt und besiegte den Tod. Auch er ist unsterblich geworden und in den Himmel aufgefahren.
Als der Kentaure Nessos die Frau des Herakles vergewaltigen wollte, da tötete Herakles den Übeltäter. Die Frau Dinaneira strich das Blut des sterbenden Kentauren auf ein Gewand, um es für die Liebeszauber zu verwenden, wie es viele Frauen taten. Als Herakles zu einer jungen Frau fremdging, da zog er das blutgetränkte Gewand an. Doch dieses war vergiftet, der Tod fraß sich in seinen Körper. Da bestieg er einen brennenden Scheiterhaufen und rief sterbend aus: „Es ist vollbracht!" Dann starb er, denn er hatte sein Werk vollendet.
Die Seele des Herakles wurde in den Götterhimmel aufgenommen, dort fand sie einen neuen Körper. Und die Göttin Hebe wurde seine Ehefrau im Himmel, mit ihr lebt er dort glücklich. Später sagten die Christen, Jesus sei der „neue Herakles", denn er habe den Tod besiegt und das göttliche Werk der Erlösung vollendet. Seine letzten Worte am Kreuz waren ebenfalls: „Es ist vollbracht" (Joh 19,30).

Asklepios

Auch er war ein Gottmensch, nämlich ein Sohn des Sonnengottes Apollon und der Menschentochter Koronis. Als diese nach dem sinnlichen Liebesspiel mit dem Lichtgott einen menschlichen Liebespartner nahm, da tötete Apollon mit einem Pfeil die Menschenfrau. Die Krähe hatte ihm die Untreue gemeldet. Dann nahm der Gott das Kind aus dem Leib der toten Mutter, es war Asklepios. Er wurde bei den Kentauren aufgezogen.

Der junge Gottmensch wuchs schnell heran, von seinem göttlichen Vater hatte er die Kunst der Heilung erhalten. So lehrte er die Menschen diese Kunst und hatte viele Jünger um sich. Diese errichteten Heiligtümer, wo die Menschen Heilung von ihren Krankheiten suchten. Im Traum und im Halbschlaf erschien ihnen der Gottmensch und versprach ihnen Linderung und Heilung. Seine Jünger waren die ersten Ärzte der antiken Kultur.

Als Asklepios einen Toten (nämlich Hippolytos) wieder zum Leben erweckte, da sah Zeus dies als einen Frevel an. Der Göttervater tötete den Übeltäter mit seinem Donnerkeil. Aber bei den Menschen ging die Heilkunst weiter, allein den Tod konnten sie nicht besiegen. Nun vernichtete der Sonnengott aber die Kyklopen, weil sie für Zeus den Donnerkeil geschmiedet hatten.

Die Christen nannten Jesus von Nazaret den „neuen Asklepios“, der die Menschen von der Sünde und der Macht des Bösen heilte. Sie erzählten von ihm, dass er Blinde, Lahme und Taubstumme geheilt und Tote zum Leben erweckt habe. Seinen Tod deuten sie als Versöhnungsopfer für einen erzürnten Vatergott. Für sie ist Jesus vom Tod zum Leben auferstanden und in den Himmel aufgefahren. Auch er hat seine menschliche Mutter in den Himmel geholt.

Menschwerdungen des Gottes Vishnu

Blicken wir nun auf die indische Mythologie, die ja nicht nur sprachlich mit der griechisch-römischen Kultur verwandt ist. In Indien gibt es eine höchste Götterdreiheit, nämlich Brahma, Vishnu und Shiva; jeder mit seiner weiblichen

Lebenskraft Shakti. Der erste Gott erschafft ständig die vielen Welten und das Leben. Der zweite erhält die Welten und das Leben, er hilft den Menschen in der Not. Der dritte tanzt den wilden Tanz der Zerstörung, so dass Welten und Leben ständig vergehen.
Immer, wenn die Menschen in Not geraten, steigt der Gott Vishnu auf die Erde herab (Avatara = Herabstieg). Die Mythen erzählen von zehn großen Avataras. Als eine große Flut die Menschenwelt bedrohte, stieg der Gott in der Gestalt eines Fisches auf die Erde. Er zeigte dem weisen Manu, wie man ein Schiff baut. Damit konnten die Menschen überleben.
Dann erschien der Gott in der Gestalt einer Schildkröte und eines Wildebers, um böse Dämonen abzuwehren. Er kam in der Gestalt eines Löwenmenschen und eines Zwergmenschen, um die Menschen zu schützen. Danach begannen seine großen „Menschwerdungen“: Er kam in der Gestalt des Kriegshelden Rama und besiegte viele Feinde. Auch als Rama-Chandra war er siegreich.
Am meisten lieben die Inder seine Menschwerdung in der Gestalt des Krishna. Dieser ist ein Vorbild der Hirten und der Krieger. In tiefer sinnlicher Leidenschaft liebt er die Hirtenmädchen im Wald. Mit seiner Frau Radha erlebt er höchste sinnliche Lust. Seither schützt er bei den Menschen das erotische Liebesspiel und die Sehnsucht der Geschlechter.
Vishnu wurde Mensch in der Gestalt des Buddha. Dieser wurde weise und erleuchtet und zeigte vielen Menschen den Weg zum Lebensglück. Die letzte Menschwerdung des Gottes wird in der Zukunft stattfinden, da wird er als starker Krieger Kalki kommen und alle bösen Dämonen vernichten. Die Inder erzählen, dass der Gott Vishnu über diese zehn großen Avatare hinaus noch oftmals als Mensch erschienen sei. Viele glauben, dass jeder weise Mensch eine Fleischwerdung des Gottes ist. Es gehört zur allgemeinen Vorstellung der indischen Kultur, dass Götter in der Gestalt von Menschen erscheinen können.

Die Geburt des Buddha

Auch die Buddhisten, die in Indien entstanden, erzählen von einer göttlichen Geburt des großen Buddha, der ein Weiser und Erleuchteter geworden ist. Er hatte bereits Tausende von Lebendurchschritten, nun bereitete er seine letzte Geburt vor. Im Himmel hatte er den Göttern das ewige Weltgesetz verkündet. Für seine letzte Geburt wählte er eine Kriegersippe.

Seine Mutter Maya sah im Traum den Boddhisattva in ihren Schoß herabsteigen. Sie war eine Jungfrau. Nun berührte ein weißer Elefant mit seinem Rüssel ihren Schenkel. Dadurch wurde sie schwanger, ohne Mitwirkung eines Mannes. Die ganze Natur begrüßte dieses Ereignis, die Bäume begannen zu blühen, die Musikinstrumente spielten von selbst, die Flüsse hielten das Wasser an.

Nun erzählte die Königstochter Maya ihren Traum den Brahmanen. Diese sagten, ihr Sohn werde ein großer König oder ein Erleuchteter sein. Als die Zeit der Geburt kam, ging Maya in den Wald des Lambini. Wie es Sitte war, gebar sie im Stehen ihren Sohn. In ihrer Hand hielt sie den magischen Zweig des Teakbaumes, so war die Geburt ohne Schmerzen. Der Gott Brahma und viele Götter begrüßten das neugeborene Kind. Dieses begann sofort zu gehen und zu laufen. Wo seine Fuße den Boden berührten, da wuchsen Lotosblumen aus der Erde. Nun machte der Knabe je sieben Schritte in alle Himmelsrichtungen, damit war die Erde in seinem Besitz. Fünf Tage nach der Geburt erhielt er von der Sippe den Namen Siddharta. Am siebten Tag starb seine Mutter Maya aus Freude über die göttliche Geburt. Sie wurde in der Welt der Götter wiedergeboren. Nun übernahm ihre Schwester den Sohn zur Erziehung. Als der Knabe zum Tempel gebracht wurde, da verneigten sich alle Götterstatuen.

Es werden noch andere wundersame Geburtsgeschichten des Buddha erzählt, sie haben eine Ähnlichkeit mit den griechischen Erzählungen. Seit dem Kriegszug des Königs Alexander nach Westindien (um 330 v. C.), dem auch griechische Philosophen folgten, gab es einen Kulturaustausch zwischen den Indern und der hellenistischen Welt, in der das Christentum entstanden ist.

In vielen anderen Religionen und Kulturen gibt es Erzählungen über die wunderbare Geburt von Erlösergestalten und Kriegshelden. Damit soll gesagt werden, dass diese Menschen (meist Männer, selten Frauen) aus der göttlichen Welt kommen und bei den Menschen große Aufgaben zu erfüllen haben. Sie bringen Lebensweisheit und neue Kulturgüter, sie besiegen Feinde und böse Dämonen. Den Menschen schenken sie die Sinnlichkeit und die Freude am Leben.

In jedem Menschen ist etwas Göttliches, doch in den großen Helden und Weisen ist ungleich mehr an göttlicher Lebenskraft wirksam. Daher sind sie besondere Gottessöhne und -töchter. Sie gelten als „himmlische" Menschen, weil sie den Weg des guten und gelingenden Leben weisen, die Mitmenschen aus der Macht des Bösen befreien und ihnen Glück bringen.

Von diesem Hintergrund her wird die christliche Lehre von der Menschwerdung Gottes überhaupt erst verständlich. Sie sagt, dass der gescheiterte Jesus aus Nazaret ein göttlicher Sohn sei, der den Menschen die Erlösung aus der Sünde und die Hoffnung auf das ewige Leben gebracht hat. Auch seine Geburt war voller Wunder und göttlicher Botschaften. Von einem Monopol der Gottesgeburt war bei den anfänglichen Christen freilich nicht die Rede. Für die Juden und Semiten bleibt diese Lehre von der Menschwerdung Gottes bis heute unverständlich.

10. Festzeit Weihnachten

Jedes Jahr feiern wir die Weihnachtszeit mit besonderer emotionaler Beteiligung, unsere tiefen Gefühle werden angerührt. Die Kirchen feiern besondere Gottesdienste. Die Kirchenräume werden mit Kränzen, mit Kerzen, mit Lichterbäumen, mit Krippen, Blumen und Bildern geschmückt. Viele Menschen nehmen in ihren privaten Feiern des Festes auch Anleihen bei anderen Kulturen. Es ist eine Zeit des Schenkens, des Einkaufens und der Überraschungen.
So ist diese Zeit die intensivste Geschäftszeit des Jahres geworden, die Umsätze im Bereich der Geschenke sind hoch. Viele Seelsorger beklagen die Hektik dieser stillen Zeit. Doch wir müssen nicht in diese Klage einstimmen, wir können unserer Betriebsamkeit auch einen tiefen Sinn geben. Wir müssen verstehen, warum wir uns zu dieser Zeit beschenken und was wir mit unseren Geschenken ausdrücken wollen.

Schenken und Teilen

Für viele Zeitgenossen, besonders für jüngere Menschen, ist es ein starkes emotionales Erlebnis, mit der Familie und den Kindern in dieser Zeit in den Geschäften und Großmärkten zum Einkaufen zu gehen. Sie freuen sich an den geschmückten Räumen und an der weihnachtlichen Musik, die ihre Seele anrührt. Die Werbung zielt auf tiefes emotionales Erleben, auf unsere kindlichen Wünsche und Sehnsüchte. Wir möchten einander beschenken, weil wir uns des Lebens freuen.
So erleben viele in dieser Zeit eine heitere Stimmung, im Dunkel der Jahreszeit. Wir haben kein Recht, dieses Bedürfnis vieler Menschen abzuwerten. Auch der Konsum von Gütern lässt sich auf das Geheimnis von Weihnachten hinordnen. Denn wir feiern die Geburt Jesu und gleichzeitig die Geburt aller Menschen. Wir

freuen uns des Lebens und der Sinnlichkeit. Deswegen beschenken wir einander, so gut wir können. Wir sagen einander Dank für das gute Zusammenleben, oder wir versöhnen uns durch ein Geschenk.

In dieser Zeit gibt es viele Weihnachtsfeiern mit Essen und Trinken, mit Fröhlichkeit, Tanz und Musik. Darin erleben wir mehr an Gemeinschaft, als uns am Arbeitsplatz Tag für Tag möglich ist. Wir feiern Weihnachten in den Krankenhäusern mit kranken Menschen, in den Gefängnissen mit Gefangenen, in den Heilanstalten mit chronisch Leidenden. Wir alle möchten etwas festliche Stimmung in dieser Zeit, in der wir das Leben feiern. Immer ist es das kleine Kind, das uns an unsere frühe Kindheit erinnert.

Bei aller Geschäftigkeit und Feierlichkeit bleiben das Schenken und das Teilen wichtig. Wir können damit unsere zwischenmenschlichen Beziehungen ein kleines Stück verbessern. Wir wollen anderen etwas schenken, weil wir mit ihnen zusammenleben, weil sie uns wichtig sind, weil wir sie lieben. Oft sind wir verlegen, was wir schenken sollen. Das erfordert unsere einfühlsame Kreativität. Wichtig ist, dass wir es lernen, mit dem Herzen zu schenken, dass wir mit den Geschenken etwas von unserer Person mitgeben. Wir müssen auch lernen, uns von anderen beschenken zu lassen.

Bei aller Geschäftigkeit im Überfluss der Gaben bleibt das Gefühl der Solidarität mit den Armen wichtig. In uns soll die Bereitschaft wachsen, mit den Notleidenden zu teilen. So gibt es in dieser Zeit viele Hilfsaktionen für Kinder in Not, für Kranke und Leidende, für Flüchtlinge und Vertriebene. In dieser festlichen Zeit werden unsere Herzen und Gefühle leichter ansprechbar für die konkreten Notlagen unserer Mitmenschen. Wir alle können es lernen, etwas von unserem Überfluss an andere abzugeben, die es dringend brauchen.

Denn im Grunde sind wir nicht nur Egoisten und Egozentriker, in uns allen sind auch tiefe soziale Gefühle. Sie müssen nur geweckt werden, und in dieser Zeit ist dies in besonderer Weise möglich. Wir können uns an unseren Geschenken erst dann richtig freuen, wenn wir etwas an Arme und Notleidende abgegeben haben. Wir haben viele Möglichkeiten, uns an Hilfsaktionen zu beteiligen. Denn auch die Armen und Flüchtlinge wollen in dieser Zeit etwas Geborgenheit ihrer Kindheit erleben können.

Wenn wir uns als Kinder des göttlichen Schöpfers und der einen Menschheitsfamilie fühlen, dann haben wir eine starke Motivation, um unseren Überfluss mit anderen zu teilen. So müssen wir die Geschäftigkeit und Hektik der Weihnachtszeit nicht abwerten, aber wir sollten sie sinnvoll nutzen. Dahinter steht die wunderbare Idee, dass wir einander mit Liebe und Zuwendung beschenken können. Denn wir alle brauchen Mitgefühl und Geborgenheit, gerade zu dieser Zeit.

Im Folgenden soll darüber nachgedacht werden, wie unsere tiefen Bedürfnisse nach Zuwendung und Liebe durch Rituale in Kleingruppen, in der Familie oder in Freundeskreisen, ausgedrückt werden können. Weihnachten ist eine Zeit, in der wir wieder ein kleines Stück mehr an Liebesfähigkeit lernen, in der unsere Menschwerdung wieder ein klein wenig voranschreitet. Deswegen ist dieses Fest so wichtig für uns, jedes Jahr von neuem.

Christliche Feiern

Die Kirchen feiern Weihnachten durch viele Riten und Symbole, sie haben die Feiern der griechischen und der römischen Kultur geerbt. Wie in den antiken Mysterienreligionen (Isis) feiern sie in der Heiligen Nacht die göttliche Geburt. Aus der Dunkelheit der Sünde und des Todes erstrahlt das helle Licht der Gottheit, die ewige Sonne der Gerechtigkeit. Wie die antike Priesterin gerufen hatte: „Die Jungfrau hat geboren, ein Licht ist uns aufgestrahlt", so singen die christlichen Priester: „Ein Kind ist uns geboren, ein Sohn ist uns geschenkt."

Die christliche Weihnacht beginnt mit einer Vorbereitungszeit dem Advent, vier Sonntage vor dem 25. Dezember. Das ist die Zeit, in der der Erlöser erwartet werden soll. Viele fasten, um sich seelisch zu reinigen. Sie werden zur Umkehr von den Sünden und zur Versöhnung mit Gegnern aufgefordert. Alte Schuld soll wieder gutgemacht werden. So bereiten sie sich auf das große Fest der Gottesgeburt in ihnen vor.

Adventkränze und Kerzen, Lieder und Gottesdienste (Rorate) begleiten uns in dieser Zeit. Zur Feier der Heiligen Nacht werden Krippen aufgestellt: mit Maria,

Josef und dem Kind, mit den Hirten, den Engeln und den Königen. Franz von Assisi hatte dies angeregt. In der Barockzeit wurden die Geburt und die Krippenlegung des Kindes nachgespielt, ebenso die Gesänge der Engel.
Um Mitternacht oder kurz davor wird die Weihnachtsmette gefeiert, die viele Menschen besuchen. Es wird die Geburtsgeschichte Jesu erzählt, das Volk antwortet mit innigen Liedern und Gebeten. Am Hochfest der Geburt werden drei Messen gefeiert, welche die göttliche Menschwerdung zum Thema haben. Festliche Kirchenmusik mit Chören und Orchester begleiten die heilige Handlung.
Acht Tage lang (Oktav) wird das Fest gefeiert. Am 26. Dezember wird des ersten christlichen Martyrers Stefanus gedacht, am Tag darauf des Evangelisten Johannes; am nächsten Tag der Unschuldigen Kinder, die angeblich von König Herodes getötet wurden. Am 1. Januar wird die Beschneidung Jesu im Tempel gefeiert. Der Sonntag in dieser Festzeit ist der Heiligen Familie gewidmet.
Ein besonderer Festtag ist der 6. Januar, das Fest der Erscheinung des Gottessohnes in der Menschenwelt, das Gedächtnis an die drei Weisen, die zur Krippe kamen. Für die Ostkirche ist dieser Tag das eigentliche Weihnachtsfest, obwohl sie auch den 25. Dezember feiert. Das Fest der Erscheinung des Göttlichen in der Menschenwelt ist der Höhepunkt dieser Festzeit.
In der orthodoxen Weihnacht wird das heilige Geschehen in langen Gesängen dargestellt. Es finden Prozessionen mit heiligen Bildern (Ikonen) statt, Weihrauch strömt in den Kirchenraum. Die Menschen küssen die heiligen Bilder der Gottesmutter und des Erlösers, sie nehmen deren Lebenskraft in sich auf. Dann empfangen sie das Brot und den Wein der großen Dankesfeier (Eucharistie), um so an der göttlichen Menschwerdung teilzunehmen. Sie feiern auch in den Familien auf vielfältige Weise das Fest der göttlichen Geburt.

11. Neue Riten zur Weihnacht

Vor allem unter Basischristen, Kulturchristen und in feministischen Gruppen entstehen heute ganz neue Rituale zur göttlichen Geburt. Zunächst soll daran erinnert werden, was Riten für unser Leben bedeuten und warum wir sie ausführen. Sie sind genormte Handlungen mit Symbolen, in denen wir unsere emotionalen Lagen ausdrücken. Wenn wir sie in Gruppen ausführen, kommunizieren wir dabei die erlebten Gefühle. Durch Riten bilden sich Gruppen, wir fühlen uns zusammengehörig. Damit finden wir besser unser emotionales Gleichgewicht, sie sind für unsere seelische Gesundheit wichtig.

Nun können wir Riten als Einzelpersonen oder in Gruppen ausführen. Heute verbinden wir häufig Rituale mit Methoden der Selbsterfahrung, um seelische Verletzungen zu heilen. Dabei werden die unterschiedlichsten Intentionen angestrebt: die Abwehr von bösen Kräften (Abwehrriten und Vertreibungsriten), die Reinigung von moralischer Schuld (Reinigungsriten), Opfergaben an Geistwesen und Ahnenseelen (Opferriten), die Vereinigung mit den göttlichen Lebenskräften (Vereinigungsriten).

Zu Weihnachten spielen auch sog. Übergangsriten (rites des passages) von einer Lebensphase zur anderen eine Rolle: Riten der Schwangerschaft, der Geburt, der Empfängnis, der Sexualität, der Kindheit. Sie werden heute auf vielfältige Weise wieder belebt, denn die Kirchen haben die Monopole auf die Riten verloren. So ist ein kreativer Prozess in Gang gekommen, er wird häufig von Frauen getragen. Denn sie bleiben von der Gestaltung kirchlicher Riten weitgehend ausgeschlossen.

Riten der Schwangerschaft

Viele Frauen wollen ihre Schwangerschaft bewusst erleben, deswegen begleiten sie diese mit Ritualen. Auch Männer können daran beteiligt sein. Es geht um die symbolhafte Begleitung des neu entstehenden Lebens, um die emotionale Unterstützung der werdenden Mutter. Solche Riten können regelmäßig, jeden Monat in der Schwangerschaft, ausgeführt werden. Dabei lernen wir von den Riten fremder Kulturen, aber auch von den Erkenntnissen der Humanwissenschaften, der Biologie und der Psychologie.

Hier sollen einige Elemente genannt werden, die zu einem solchen Ritual gehören. Die Gruppe muss sich kennen, alle sollen miteinander vertraut sein. Es wird der Raum festlich geschmückt, mit Blumen, Kerzen und Bildern. Es können Bilder von schwangeren Frauen, von Göttinnen oder der Gottesmutter sein. Dann wird geeignete Musik ausgewählt, es werden Kerzen entzündet, dann werden passende Texte und Lieder vorbereitet. Das Ritual hat eine Leiterin (oder einen Leiter).

Die Leiterin begrüsst alle Teilnehmer. Dann sprechen alle über ihre Befindlichkeit und Erwartungen. Es wird ein Text aus der heutigen Literatur (aus der Bibel oder aus einer fremden Kultur) zum Thema der Schwangerschaft vorgetragen. Darauf folgen eine kurze Meditation und ein Gespräch darüber.

Nun kann noch eine Bildmeditation folgen: Es wird ein Bild zur Schwangerschaft vorgestellt (Foto, Malerei). Alle lassen dieses Bild auf sich wirken und sprechen darüber.

Danach kommt ein Salbungsritual: Alle bilden um die schwangere Frau einen Schutzkreis, es wird ein Pflanzenöl gesegnet. Dann legen alle der Frau die Hände auf die Stirn und sagen ihr gute Worte und Glückwünsche. Nun salbt die Leiterin die Frau mit dem gesegneten Öl, an der Stirn, am Hals, an der Brust, evtl. auch am Bauch. Dabei spricht sie ein Segensgebet. Danach wickelt sie einen roten Faden um den Bauch der Frau, um ihre Lebenskraft zu stärken.

Danach folgen Gebete und Segenswünsche für die werdende Mutter und das Kind. Es singen alle ein passendes Lied, es spielt Musik. Danach beginnen alle zu tanzen. Sie drücken darin ihre erlebten Gefühle aus. In dieser Tanzmeditation freuen sich die Feiernden mit der werdenden Mutter, sie wollen ihre Lebenskraft stärken. Dazu können Trommeln und Klangschalen verwendet werden.

Den Abschluss des Rituals bildet ein gemeinsames Essen oder ein kleiner Imbiss. Dabei wird über die gemachten Erfahrungen gesprochen. Es wird ein Dankgebet für das Leben und eine Bitte um Gesundheit vorgetragen. Beim Auseinandergehen versprechen alle der schwangeren Frau ihre emotionale Begleitung und praktische Unterstützung. Gewiss ist diese Feier auch für die Entwicklung des Kindes überaus günstig.

Riten der Empfängnis

Dieses Ritual kann gefeiert werden, bald nachdem eine Schwangerschaft feststeht; im Kreis von Freunden oder in der Familie. Das Thema ist hier der Lebensbeginn, die biologische Verbindung von Eizelle und Samenzelle, der Beginn der menschlichen „Seele", wie immer wir sie deuten mögen.

Es werden zuerst geeignete Symbole, Bilder und Texte ausgewählt. Es wird Musik gespielt, der Raum ist geschmückt. Nach der Begrüßung wird ein Text vorgetragen, der den Beginn des Lebens bedenkt. Dann folgen eine Meditation über den Text und ein Gespräch darüber. Nun kann noch eine Bildmeditation folgen, es wird ein aussagestarkes Bild betrachtet. Dann wird darüber gesprochen. Jeder versucht zu sagen, wie er sich fühlt und wie er das Bild und den Text erlebt: Was bedeutet für mich der Beginn eines Menschenlebens? Was geschieht rein biologisch? Und was bedeutet es für das emotionale Erleben der Frau und des Mannes? Es geht um das Geheimnis des Lebens, um den göttlichen Schöpfer oder „Urgrund", aus dem alles Leben kommt.

Nun folgen einige Symbolhandlungen, die den Beginn des Lebens anzeigen: Die Schwangere wird mit Blumen geschmückt und bekränzt; sie wird mit gesegnetem Wasser besprengt, dann mit Öl gesalbt; es werden Symbole des Weiblichen und des Männlichen miteinander verbunden; es kann auch eine Blume oder ein Bäumchen gepflanzt werden.

Dann sprechen alle ein Gebet für die junge Mutter, das werdende Kind und den Vater. Es werden Lieder gesungen, die den Dank für das Leben aussagen. Dann folgt eine Tanzmeditation, in der alle Teilnehmer ihre erlebten Gefühle zärtlich oder wild ausdrücken können. Zum Schluss wird ein kleines Mahl gefeiert, dabei wird noch intensiv über das Erlebte gesprochen. Alle versprechen der werdenden Mutter emotionale und praktische Begleitung für die kommende Zeit. So kann eine Schwangerschaft sehr bereichert werden.

Riten der Sexualität

Sie sind in unserer christlich geprägten Kultur durch die Lehren der asketischen Theologen weitgehend verloren gegangen. Doch heute entdecken wir sie wieder neu, wir blicken auf alte Kulturen. So lernen wir von den Riten der Griechen und Römer, der Inder und Japaner, der Afrikaner und der Indianer. Auf diese Weise können sich unter uns neue Riten der Sinnlichkeit entwickeln.

Denn wir müssen heute der fortschreitenden Banalisierung der Sexualität in der Unterhaltungskultur entgegenwirken. Die Leibfeindlichkeit der Theologen hat in der letzten Zeit in Kommerzialisierung und in Kriminalisierung der Sexualität umgeschlagen. Dadurch aber wird dieses wunderbare Geschenk des göttlichen Schöpfers entwertet.

Gerade an Weihnachten, da wir die göttliche Geburt und unsere Menschwerdung feiern, bekommen die Riten der Sexualität einen tiefen Sinn. Nach dem Empfinden alter Kulturen erleben wir in der sinnlichen Ekstase Spuren des Göttlichen und des Heiligen. Wir können also Sexualität wieder mit Religion und mit Mystik verbinden. Denn wir werden in die tiefsten Gefühle und Geheimnisse des Lebens hineingenommen.

Hier seien einige Elemente solcher Riten angedeutet, wie wir sie aus fremden Kulturen kennen. Die Personen in der Gruppe müssen miteinander vertraut sein, sie müssen einander in emotionaler Offenheit begegnen. Jeder muss Geborgenheit erleben können. Alle symbolischen Handlungen müssen von jedem Teilnehmer mitgetragen werden. Daher muss zuerst ausführlich darüber gesprochen werden.

Zunächst wird über die Erwartungen und Wünsche jedes Einzelnen gesprochen. Der Raum ist geschmückt, Musik und Bilder, Texte zur Meditation sind vorbereitet. Beginnen kann das Ritual mit einem Text aus der modernen Literatur (Bibel, fremde Kulturen), der menschliche Sexualität thematisiert; z. B. ein Text

aus dem „Hohen Lied“, dem Kamasutra, dem Ananga Ranga, dem Koka Shastra u. a. Dann folgt das meditative Gespräch über diesen Text. Darauf kann noch eine Bildmeditation folgen, zu einem Bild, das Sinnlichkeit und Erotik ausdrückt.
Nach der Meditation werden Lieder gesungen und Gebete gesprochen, die unsere Freude über das Geschenk der Sexualität aussagen. Die Feiernden umarmen sich, sie sagen einander Gutes. Ihr Singen kann in den Tanz übergehen, Musik begleitet sie. So tanzen sie sich in ihre Sinnlichkeit hinein, sie erleben erotische Gefühle und lassen sie zu. Das Tanzen kann bald wild, bald weich und zärtlich sein. Dann lässt sich jeder müde zu Boden fallen und ruht sich kurz aus.
Nach einer Zeit der Stille folgt ein Salbungsritual mit gesegnetem Öl. Die Feiernden gehen aufeinander zu und umarmen sich. Sie salben sich gegenseitig an empfindsamen Stellen des Körpers. Dann schmücken sie sich gegenseitig mit Blumen, sie drücken Zärtlichkeit aus; sie sagen sich Gutes und bleiben eine Zeitlang beisammen.
Zum Schluss der Feier werden Lieder der Freude und des Dankes gesungen. Es kann auch noch getanzt werden. Dann wird ein kleines Mahl gefeiert. Dabei sprechen alle über ihre Erfahrungen im Ritual, über ihren Umgang mit Sexualität, über ihre Erwartungen und Wünsche. Sie versprechen einander, sich gegenseitig im persönlichen Wachsen zu unterstützen und die Freude an der Sinnlichkeit zu teilen. Oft muss auch auf seelische Verletzungen Rücksicht genommen werden, sie können im Ritual der Heilung näher kommen. Wir haben viele Möglichkeiten, diese Feiern zu gestalten und unsere Sinnlichkeit gemeinsam zu erleben. Denn in ihr begegnen wir dem Heiligen und dem Göttlichen.

Riten der Geburt

Das Ritual kann eine Geburt nicht begleiten, es kann sie vorbereiten helfen. Doch am sinnvollsten ist es, dieses Fest bald nach der Geburt zu feiern, wenn die Mutter wieder bei Kräften ist; wenn sie aus dem Krankenhaus in die Familie zurückkehrt. Es soll von der Familie oder von Freunden gefeiert werden. Das

Ritual drückt die Freude über das neue Leben und den Zusammenhalt der Gruppe aus, auch den Dank an den göttlichen Schöpfer. Es kann zu Weihnachten gefeiert werden, wenn eine Frau im letzten Jahr ein Kind geboren hat.

Auch hier muss der Raum festlich geschmückt sein. Es werden geeignete Texte aus der Literatur (Bibel, fremde Kulturen) ausgewählt. Es werden Bilder bereitgestellt, Musik wird ausgesucht. Die Feier beginnt mit Musik und Gesang. Dann wird ein Text gelesen, der zur Geburt passt. Es folgt eine Meditation über den Text und ein ausführliches Gespräch.

Die junge Mutter berichtet über ihr Erleben der Geburt, über ihre Erwartungen und Ängste. Dann kann eine Bildmeditation folgen, ein Bild zur Geburt wird betrachtet. Dann sprechen alle über ihre Gefühle und Empfindungen, über ihr Erleben von Geburten.

Danach beginnt ein Salbungsritual für die Mutter und das Kind. Es werden Gebete über beide gesprochen, es wird der Dank an den göttlichen Schöpfer des Lebens ausgedrückt. Dann folgen Bittgebete für die Mutter und das Kind, für die ganze Familie. Nun salbt die Leiterin zuerst das Kind an der Stirn; dann salbt sie die Mutter an der Stirn, den Händen, am Hals, evtl. am Busen.

Dann wird das Kind mit einer roten Schnur symbolisch umwickelt, um es vor dem Bösen zu schützen. Die Mutter wird mit Blumen und Bändern geschmückt. Alle umarmen die Mutter und sprechen ihr Glück und Segen zu. Sie sagen auch dem Kind ihre guten Wünsche in das Ohr. Und sie versprechen, dass sie beide mitfühlend und mitsorgend begleiten wollen.

Dann beginnen alle zu tanzen, sie drücken darin die Freude über das neue Leben aus. Sie tanzen zu Musik und zu Klangschalen, auch zum Schlag der Trommeln. Alle versuchen, ihr inneres Erleben im Tanz darzustellen. Das kann ein wildes und sinnliches Tanzen sein, dann wieder ein sanftes und zartes Sich-Bewegen. Danach ruhen sich alle eine Zeitlang aus.

Nun setzen sie sich um einen Tisch und feiern ein kleines Festmahl. Sie danken dem göttlichen Schöpfer für das neue Leben, sie bitten um seinen Schutz für die Familie. Dabei sprechen alle über ihre eigenen Erfahrungen mit Geburten, über ihre Kindheit, über ihre Wünsche und Bedürfnisse. Dann verabschieden sich alle, sie sagen einander Gutes und versprechen sich gegenseitig Mitgefühl und Hilfe.

Dieses Ritual kann durch die christliche Taufe und durch eine feierliche Namensgebung fortgeführt werden. Gerade in der Weihnachtszeit ist ein solches Ritual sinnvoll. Es kann auch gefeiert werden, wenn kein neugeborenes Kind da ist. Denn wir erinnern uns als Erwachsene in jedem Lebensalter an unsere Kindheit. Wir können Szenen unserer Geburt erzählen, wie wir sie gehört haben. Es ist auch möglich, die Szenen um die Geburt in einem Rollenspiel darzustellen (Psychodrama).
Wenn wir dieses Ritual der Geburt alljährlich um Weihnachten feiern, begreifen wir von Jahr zu Jahr besser das Geheimnis unseres Lebens. Und wir können unsere Lebensgeschichte besser annehmen. Dabei stoßen wir auf tiefe emotionale Schichten, mit denen wir behutsam umgehen müssen. Wir haben viele Möglichkeiten, dem göttlichen Schöpfer für das Geheimnis des Lebens zu danken.

Riten der Heilung

Weihnachten ist die Zeit, in der viele seelische Verletzungen geheilt werden können, die wir selbst erlebt oder die wir anderen zugefügt haben. Es ist gut, wenn wir uns auch an die seelischen Verletzungen und Defizite der frühen Kindheit erinnern können, denn diese können unser soziales Leben erheblich stören. Wir kennen heute viele Möglichkeiten, uns diese Verletzungen bewusst zu machen und sie durch Rituale auszudrücken. Denn wenn wir sie symbolisch darstellen und mit anderen kommunizieren können, dann beginnt längst der Prozess der Heilung.
In dieser Zeit um Weihnachten sind mehrere Rituale der Heilung sinnvoll, wenn dies nötig ist. Sie können in den Familien oder in Freundesgruppen ausgeführt werden. Der Raum soll geschmückt sein, Blumen und Musik müssen vorbereitet werden. Dann werden Texte und Bilder ausgesucht, die zur Situation passen. Es sollen Symbole der Verletzung und der Heilung gesucht werden.
Das Ritual beginnt mit der Lesung eines Textes (Literatur, Bibel, fremde Religionen), der über seelische Verletzung und Heilung spricht. Dann folgt eine kurze

Meditation über den Text, darauf eine Bildmeditation mit einem Bild, das Verletzung und Heilung ausdrückt. Hinterher beginnen sehr persönliche Gespräche in der Gruppe. Jeder Teilnehmer erzählt von seinen seelischen Verletzungen, sei es aus der letzten Zeit, sei es aus der frühen Kindheit.
Nun geben alle in der Gruppe sich gegenseitig Rückmeldung zu diesen Erzählungen. Sie zeigen Mitgefühl und Zuwendung zueinander. Danach kann die Geschichte eines Teilnehmers als Rollenspiel gespielt werden. Er erzählt diese Geschichte noch einmal. Dann werden die Rollen verteilt, die in dieser Geschichte vorkommen. Jeder soll freiwillig eine Rolle übernehmen können. Und dann wird die Geschichte in der Gruppe gespielt.
Dabei achtet jeder auf seine Gefühle und Erfahrungen in seiner Rolle, als Täter oder als Opfer. Danach sprechen alle ausführlich über ihre Erfahrungen. Vor allem der Hauptbetroffene steht im Mittelpunkt. Er sagt, wie er sich fühlt und was er neu entdeckt hat. Dann drückt er seinen Schmerz der Verletzung durch Körpersprache offen aus; er sucht Geborgenheit in der Gruppe. Nun geben ihm alle Rückmeldung und Zuwendung. Sie nehmen ihn in die Arme und sprechen ihm ihr Mitgefühl zu.
Sie sprechen über seine Geschichte, auch über die Rolle derer, die ihn verletzt haben. Das Opfer versucht nun, den Schmerz der Verletzung langsam loszulassen. Die Teilnehmer unterstützen ihn dabei. Sie helfen ihm im Gespräch, auf die Verletzung hinzusehen und sich dann von ihr zu verabschieden. So ist es möglich, dass solche Verletzungen in kleinen Schritten geheilt werden. Wichtig ist, dass wir einander viel an Mitgefühl und Zuwendung zeigen können. Wir alle können uns in der Gruppe mitgetragen und geschützt wissen.
Dann wird durch eine Symbolhandlung sowohl die Verletzung als auch das Loslassen der Verletzung dargestellt. Es kann dabei ein Stab zerbrochen werden, es kann ein Blumenstrauß zerknickt werden. Das Loslassen kann durch das Weggeben eines Gegenstandes ausgedrückt werden. Ein symbolisches Marterinstrument wird aus dem Haus geworfen oder vergraben. Der Betroffene entscheidet sich, den Schmerz loszulassen.
Danach kann ein Salbungsritual stattfinden. Die Gruppe bildet einen Kreis um den Betroffenen. Dann salbt die Leiterin den seelisch Verletzten an den Händen

und an der Stirn mit gesegnetem Öl. Sie spricht über ihn ein Gebet der Heilung und eine Bitte um Vergebung. Dann umarmen alle den Betroffenen, sie sagen ihm ihr Mitgefühl und ihre Unterstützung. Sie sprechen ein Gebet und eine Bitte um Vergebung der Schuld, die geschehen ist.
Auch hier kann die Versöhnung in einen Tanz übergehen. Darin drücken alle ihre tiefen Gefühle aus; auch ihre Verletzungen und Wunden, ihren Zorn und ihren Hass. Im zweiten Teil des Tanzes werden die weichen und zarten Gefühle zugelassen und ausgedrückt. Wir zeigen in der Bewegung unsere tiefe Sehnsucht nach Heilung und Ganzsein, nach Mitgefühl und Liebe.
Zum Schluss setzen sich alle um einen Tisch und feiern ein kleines Mahl. Dabei können sie Brot und Wein segnen. Sie sprechen Dankgebete und bitten um die Kraft zur Versöhnung. Danach sprechen sie ausführlich über ihre Erfahrungen. Dann verabschieden sie sich und sagen einander ihre Unterstützung im Leben und ihr Mitgefühl zu. Ein solches Ritual kann einen ganzen Nachmittag oder einen Abend lang dauern. Wir sollten uns genügend Zeit dafür nehmen.

Ritual der Versöhnung

Die Weihnachtszeit ist besonders geeignet, um Streit zu beenden und die Versöhnung der Feinde einzuleiten. Dabei können Riten sehr hilfreich sein. Wichtig ist, dass die Streitenden sich vorher verständigen, dass sie den Streit beilegen wollen. Es muss die Vorarbeit geleistet werden, damit die Versöhnung möglich wird.
Das Ritual beginnt mit einem geeigneten Text aus der Bibel oder der modernen Literatur. Dann folgt eine Meditation über diesen Text. Das wird vertieft durch eine Bildmeditation, die Versöhnung zum Ausdruck bringen soll.
Danach beginnt das Versöhnungsgespräch der Gegner in der Gruppe. Die Streitenden erzählen noch einmal ihren Streitfall und was sie daran besonders verletzt hat. Und sie bekunden, dass sie den Streit beenden und sich versöhnen möchten. Die Gruppe gibt ihnen ehrliche Rückmeldung. Dabei wird überlegt, wie der Schaden wieder gutgemacht werden kann, der angerichtet wurde.

Dann führt die Leiterin die beiden Streitenden zusammen. Diese gehen aufeinander zu. Sie sehen sich an und sagen, was sie dabei fühlen. Sie bringen zum Ausdruck, dass sie sich versöhnen wollen. Daher bitten sie einander um Entschuldigung für alle Verletzungen. Dies drücken sie nun in Körpersprache aus: Sie umarmen sich oder geben sich die Hände. Die Leiterin wickelt symbolisch ein Band um ihre Hände zum Zeichen der Versöhnung. Dabei kann ein Stab zerbrochen werden, der die Beendigung des Streitfalls anzeigt.
Danach geht jeder aus der Gruppe auf die beiden zu, umarmt sie und spricht jedem Hilfe und Mitgefühl zu. Dann beginnen alle, sich frei zu bewegen und zu tanzen. Sie drücken darin ihre Gefühle und ihre Freude aus. Die Verletzten tanzen ihren Schmerz aus ihrem Körper heraus; sie drücken die Freude an der Versöhnung und an der Gemeinschaft aus.
Danach findet ein Versöhnungsmahl statt. Dabei werden Gebete des Dankes gesprochen und passende Lieder gesungen. Die Gruppe fühlt sich als Gemeinschaft, jeder Einzelne weiß sich darin geborgen. Auch dieses Ritual kann längere Zeit dauern.

Ritual der Umkehr

Ein solches Ritual ist im Advent und in der Weihnachtszeit sehr sinnvoll. Denn es geht darum, dass wir uns in der Gruppe unserer Fehler und Mängel bewusst werden, dass wir Schuld erkennen und wieder gutmachen. Es ist eine Art Gewissenserforschung, in der wir selbstkritisch über unser Verhalten im Alltag und in unseren zwischenmenschlichen Beziehungen nachdenken. Im Ritual drücken wir aus, dass wir unser Verhalten verändern wollen.
So beginnt das Ritual mit einem passenden Text aus der Bibel oder der modernen Literatur. Darauf folgt eine kurze Meditation, die durch eine Bildmeditation noch ergänzt wird. Dadurch wird zur Gewissenserforschung angeregt. Dann folgt eine Zeit der Stille zum Nachdenken. Jeder Teilnehmer denkt über sein Leben und seine Beziehungen zu den Mitmenschen selbstkritisch nach: in der Familie, am Arbeitsplatz, in der Freizeit, im Verkehr usw.

Danach beginnt jeder Einzelne über die Fehler und Mängel seines Verhaltens offen zu sprechen. Die Gruppe gibt ihm ehrlich Rückmeldung. So soll jeder über seine Fehler und Mängel sprechen können: auch darüber, was einer verändern möchte.
Wenn jeder mit seinem „Schuldbekenntnis“ zu Ende ist, dann sprechen sich die Teilnehmer gegenseitig die Vergebung zu. Und sie sagen Gebete der Versöhnung. Sie sagen einander, was sie in der nächsten Zeit an ihrem Verhalten verändern wollen. Dabei versprechen sie sich gegenseitig Hilfe und Unterstützung.
Dann gehen die Einzelnen aufeinander zu und umarmen sich. Sie legen einander die Hände auf die Schultern und sprechen sich gegenseitig Mut zur Veränderung zu. Dann können sie sich gegenseitig an der Stirn mit gesegnetem Öl salben. Nun fühlen sich alle in der Gemeinschaft geborgen.
Danach beginnt Musik, und alle bewegen sich frei und beginnen zu tanzen. Im freien Tanz drücken sie ihre Gefühle und ihr inneres Erleben aus. Das können Gefühle der Schuld und Bedrückung, aber auch Gefühle der Freude und der Befreiung sein.
Dann setzen sie sich zu einem kleinen Mahl um den Tisch. Sie segnen Brot und Wein und sprechen Gebete des Dankes und des Lobes. Sie singen Lieder. Und sie sprechen über ihre Erfahrungen des Alltags, über ihre Probleme und Nöte. Und sie geben sich gegenseitig die Zusicherung, dass sie einander helfen werden, Probleme zu lösen.

Ritual der Kindheit

Weihnachten ist das Fest der Kindheit und der Geburt. Wir erinnern uns der eigenen Geburt und Kindheit, wir machen uns unsere kindlichen Bedürfnisse bewusst. Die Kindheit verläuft für jeden Menschen anders, denn die Situationen und die Bezugspersonen sind verschieden. Wir alle bekommen unterschiedliche Botschaften, Gebote und Verbote mit auf unseren Weg. Es ist gut, wenn wir uns in der Weihnachtszeit intensiv mit unserer Kindheit befassen, wenn wir auf

unsere frühe Lebensgeschichte schauen. Auch die Kindheit unserer nächsten Mitmenschen können wir so besser verstehen.
Zum Ritual gehören geeignete Texte aus der Bibel, aus anderen Religionen, aus der modernen Literatur, die Kindheit und Geburt zum Thema haben. Zuerst wird ein solcher Text gelesen, dann folgt eine Meditation über diesen Text. Dann werden geeignete Bilder über die Kindheit oder Geburt gezeigt und meditiert.
Darauf folgt ein ausführliches Gespräch über dieses Thema. Jeder Teilnehmer erzählt wichtige Erfahrungen oder Szenen aus seiner Kindheit. Es können auch Erzählungen über seine Geburt sein, die er von den Erwachsenen gehört hat. Es wird ausführlich darüber gesprochen. Jeder erhält aus der Gruppe Rückmeldung und Mitgefühl ausgedrückt. So können auch seelische Verletzungen oder störende Verbote zu Tage kommen.
Dann kann eine Szene aus der Kindheit eines Teilnehmers mit verteilten Rollen gespielt werden. Die Geschichte wird noch einmal erzählt, dann werden die Rollen verteilt. Jede Rolle wird freiwillig übernommen. Alle versuchen, die Szene so echt wie möglich nachzuspielen. Sie achten dabei auf ihre inneren Erlebnisse und Erfahrungen. Danach wird ausführlich über diese Erfahrungen gesprochen. Durch das Rollenspiel lassen sich manche Probleme aus der Kindheit deutlicher sehen, einige lassen sich auch lösen.
Danach umarmen sich alle, sie geben einander Geborgenheit und Wärme. Und sie sagen einander ihre kindlichen Bedürfnisse, die sie befriedigt haben möchten. Dann beginnen sie, zu geeigneter Musik zu tanzen. Sie bewegen sich frei im Raum. Dabei stellen sie ihre leidvollen Erfahrungen der Kindheit dar, aber auch ihr kindliches Glück. Der Tanz endet mit einer Ruhepause, in der sich alle erholen. Dann sprechen alle über ihre Erfahrungen. Sie können sich gegenseitig die Hände auflegen.
Das Ritual endet mit einem gemeinsamen Mahl, dabei können Brot und Wein gesegnet werden. Es werden Dankgebete für das Leben und die Kindheit gesprochen. Und es werden Fürbitten für die einzelnen Personen vorgetragen. Es werden Lieder gesungen, und es wird Musik gehört. Bevor alle auseinander gehen, versprechen sie sich gegenseitige Unterstützung und Mitgefühl im Alltag.

Ritual der Weiblichkeit

Dabei geht es darum, dass Frauen lernen, ihre biologische Rolle und Weiblichkeit besser anzunehmen und zu leben. Und es geht darum, dass Männer lernen, die Frauen besser zu verstehen. Es gehört zu unserer Menschwerdung, dass wir unsere biologischen Rollen auch innerlich annehmen können. Die Gruppe kann sich dabei wertvolle Hilfe geben.

Auch hier beginnt das Ritual mit geeigneten Texten aus den Religionen oder aus der modernen Literatur. Dann folgt eine Meditation über Weiblichkeit und Frausein. Sie wird durch eine Bildmeditation fortgesetzt.

Danach sprechen die Frauen in der Gruppe über ihre Erfahrungen, über ihr weibliches Selbstverständnis; auch über ihre Probleme, ihre biologische Rolle anzunehmen. Sie sagen auch ihre tiefen Bedürfnisse, ihre Ängste und Erwartungen aus. Dann erhalten sie Rückmeldung aus der Gruppe, auch von den Männern. Denn es geht um das Erlernen der gegenseitigen Sensibilität.

Dann tritt eine Frau in den Kreis und sagt, was sie an ihrem Leben als Frau schön findet: an ihrem Körper, ihrer Sexualität, ihren Gefühlen, ihren Einstellungen und Empfindungen, ihren Tätigkeiten. Danach sagt sie ebenso offen, was sie nicht schön findet: an ihrem Körper, ihrer biologischen Rolle, ihren Gefühlen und Tätigkeiten usw. Dann erhält sie von der Gruppe einfühlsame Zuwendung und Rückmeldung.

Es können mehrere oder alle nacheinander in den Kreis treten. Danach sprechen alle offen über ihre Erfahrungen. Sie beginnen ein Pantomimenspiel, in dem sie ihre erlebten Gefühle ausdrücken. Dieses Spiel geht dann langsam über in einen freien Tanz. Alle drücken durch ihre Körpersprache ihre emotionale Befindlichkeit aus. Am Ende ruhen alle und sammeln ihre Kräfte wieder.

Den Abschluss bildet ein kleines Mahl, mit Gesängen und Gebeten. Auch hier können symbolisch Gaben gesegnet werden. Es werden Bittgebete und Dankgebete gesprochen, vor allem von den Frauen. Es werden geeignete Lieder gesungen. Zum Schluss versprechen sich alle, dass sie sich gegenseitig helfen wollen, ihre biologischen Rollen als Frauen anzunehmen und zu verwirklichen.

Ritual der Männlichkeit

Hier geht es darum, dass die Männer lernen, ihre biologische und ihre soziale Rolle in der Partnerbeziehung und in der Gesellschaft besser zu verstehen und anzunehmen. Daher sprechen diese zuerst über ihre Erfahrungen und Probleme. Dann geben ihnen die Frauen Rückmeldung, und sie sagen ihnen ihre Erwartungen und Wünsche. Auf diese Weise lernen sich beide Geschlechter gegenseitig besser verstehen.

Das Ritual beginnt mit einem Text aus den Religionen oder aus der modernen Literatur, der männliches Selbstverständnis ausdrückt. Dann wird darüber meditierend gesprochen. Darauf folgt eine Bildmeditation zum Thema, es werden geeignete und aussagestarke Bilder meditiert.

Anschließend sprechen alle Männer der Reihe nach über ihre Erfahrungen: Was finde ich schön an meinem Körper, an meinen Gefühlen, Bedürfnissen, Einstellungen, Wertungen, Verhalten? Und wo habe ich Schwierigkeiten, meinen Körper, meine biologische Rolle, meine Gefühle und Wünsche innerlich anzunehmen?

Dann geben sich die Männer gegenseitig Rückmeldung. Danach sagen ihnen die Frauen, wie sie die Männer tatsächlich erleben. Sie sagen ihnen auch, was sie von ihnen wünschen und haben möchten, was diese verändern müssen in ihrem Verhalten. Es geht um das Gelingen von guten und gleichwertigen Beziehungen. Nach diesem offenen Gespräch beginnen beide Geschlechter, ihre Gefühle und Wünsche durch Körpersprache auszudrücken. Sie tun es durch Gesten und Bewegungen, durch Pantomime und durch freien Tanz. In ihren Bewegungen drücken sie aus, was sie innerlich erleben und was sie sich wünschen. Es ist die Freude über die biologische Rolle; oder es sind Frustrationen und Enttäuschungen.

Dann ruhen alle eine Zeitlang, um ihre Kräfte wieder zu sammeln. Dann sprechen sie über ihre Erfahrungen. Und sie beginnen ein kleines Festmahl zu feiern. Sie singen Lieder und sprechen Gebete des Dankes und des Lobes an den göttlichen Schöpfer. Sie segnen Brot und Wein und Früchte. Sie drücken ihren Dank und ihre Freude über Sinnlichkeit und Sexualität aus.

Zum Abschied umarmen sich alle. Und sie versprechen einander, dass sie sich gegenseitig bei der Annahme der biologischen und der sozialen Rolle als Männer unterstützen wollen. Dann gehen sie auseinander, doch sie fühlen sich als Gruppe zusammengehörig.
Alle diese Rituale sind besonders zur Weihnachtszeit sinnvoll. Doch sie können auch zu anderen Jahreszeiten ausgeführt werden. Sie binden uns zusammen und geben uns Geborgenheit. Vor allem helfen sie uns, das eigene Leben besser zu verstehen und es in seiner Einmaligkeit anzunehmen. Es sind Riten der schrittweisen Menschwerdung, die uns helfen, unser Leben zu entfalten. Gewiss können in den Riten auch noch andere Erfahrungen unseres Lebens zum Thema gemacht werden. Die Kirchen haben das Monopol der Riten längst verloren. Daher ist es sinnvoll, dass wir im Privaten die „Riten des Lebens" wiedergewinnen.

12. Stimmen der Dichter

Die Dichter haben zu jeder Zeit das Geheimnis der göttlichen und der menschlichen Geburt besungen. Viele waren von der Innigkeit dieses Festes fasziniert. Denn immer geht es zu Weihnachten um unsere eigene Geburt und Kindheit. Wir erinnern uns an den Anfang des Lebens, wo noch alles weich und voller Hoffnung war. Doch dann ist das Leben rauh und hart geworden. Aber jedes Jahr zu dieser Zeit wollen wir wieder Kinder sein dürfen, wir spüren unsere Sehnsucht nach Geborgenheit. Diese Erinnerung und Sehnsucht drücken wir zur Weihnachtszeit besonders intensiv aus. Dazu können uns die Stimmen der Dichter eine Hilfe sein.

Else Lasker-Schüler

Die jüdische Dichterin lebte zwischen 1869 und 1945. Sie hat viele Frauengestalten der jüdischen Bibel in ihren Gedichten nachgezeichnet. Immer wieder tastet sie sich an das Geheimnis der Geburt und des Kindseins heran. Ihre Sprache ist voller Sehnsucht nach Liebe und nach Blühenkönnen. Weihnachten wird ihr jedes Jahr zur Verheißung des gelingenden Lebens.

Einmal kommst du zu mir in der Abendstunde,
aus meinem Lieblingsstern sanft entrückt,
das ersehnte Liebeswort im Munde,
alle Zweige warten schon geschmückt.
O ich weiß, ich leuchte immer wieder dann,
denn zu zündest meine weißen Lichter an.

So wartet die liebende Frau voll Sehnsucht auf den Geliebten, dass er ihr seine Liebe bekenne. Denn dann beginnt sie wieder zu blühen, ihre Lebenslichter gehen an. Es sind die Lichtspuren des Engels, die uns in der Liebe begegnen. Unsere Sehnsucht bleibt durch all die Zeit hindurch, sie schmerzt in unserer Seele. Auch das ist Weihnachten für viele.

Wann? Ich frage, seit ich dir begegnet bin: Wann?
Einen Engel schnitt ich aus deinem goldenen Haar,
und den Traum, der mir so früh zerrann.
O ich liebe dich, ich liebe dich,
hörst du, ich liebe dich.
Und unsere Liebe wandelt schon Kometenjahre,
bevor du mich erkannt und ich dich.

Die Dichterin erinnert sich ihrer Mutter, die ihr wie ein Engel zur Seite ging. Sie ist gestorben, aber ihre Erinnerung leuchtet noch wie ein heller Stern. Es ist das Bild unserer Mutter, das uns wie ein Engel begleitet. So werden wir nie ganz allein sein. Besonders zu Weihnachten sehen wir dieses Bild stark vor uns.

War sie der große Engel,
der neben mir ging?
Oder liegt meine Mutter begraben,
unter dem Himmel von Rauch?
Aber ich weiß einen Stern,
auf dem immer Tag ist,
den will ich über ihre Erde tragen.
Ich werde jetzt immer ganz allein sein,
wie der große Engel, der neben mir ging.

Die liebende Frau wartet besonders zur Weihnacht auf den großen Stern der Versöhnung, der ihr in den Schoß fallen wird. Unser Leben ist voll mit Missverständnissen und Verletzungen. Doch wir möchten wiederum wie Kinder spielen. Wir wollen einander liebkosen und küssen, möchten mehr für die Liebe fähig werden. Dies ist der sehnliche Wunsch vieler Menschen in dieser winterlichen Zeit.

Es wird ein großer Stern in meinen Schoß fallen,
wir wollen uns versöhnen die Nacht.
In den Sprachen beten, die wie Harfen
eingeschnitten sind.
Wir wollen uns versöhnen die Nacht,
soviel Gott strömt über ...
Kinder sind unsere Herzen,
die möchten ruhen müdesüß ...
Und unsere Lippen wollen sich küssen.

Die Dichterin weiß, wenn wir uns lieben können, dann wird uns der Tod nicht berühren. So ist Weihnachten das Fest des Lebens, denn viele warten auf den großen Stern. Und oft sehen wir nur seine Spur, doch das macht uns tief zufrieden.

Wir wollen uns versöhnen die Nacht.
Wenn wir uns herzen, sterben wir nicht.
Es wird ein großer Stern in meinen Schoß fallen.

Die Dichterin hat schon lange nicht mehr nach Gott gesucht. Doch da sie ein Kind geboren hat, staunt sie wieder über das Wunder der Schöpfung. Und sie beginnt erneut, Gott zu suchen, der uns das Geheimnis der Geburt und der Kindheit schenkt. So ist Weihnachten die Zeit des Staunens und des tastenden Suchens.

Ich habe immer vor dem Rauschen meines Herzens gelegen,
nie den Morgen gesehen, nie Gott gesucht.
Nun aber wandle ich um meines Kindes
goldgelichtete Glieder und suche Gott ...
Ich bin müde vom Schlummer,

weiß nur vom Anblick der Nacht ...
Nun taste ich um meines Kindes
gottgelichtete Glieder.

Was ist der letzte Sinn von Weihnacht? Für die Dichterin ist es die Liebe zwischen den Menschen. Sie ist der wahre Lichterbaum, nach dem wir alle Sehnsucht haben. Doch unser Leben kümmert und welkt, wir haben viele Leiden zu tragen. Und sehnen uns nach Wärme und Geborgenheit in kalter Zeit. In uns leben die Erinnerung und die Hoffnung auf den hellen Baum. Wir alle wollen wieder glühen und tanzen im göttlichen Lichtschein.

Die Liebe ist der Baum der Weihnacht,
wir welken längst wo angelehnt,
am grauen Stein einer alten Mauer.
So ausgelöscht und haben uns gesehnt
nach einem einzigen Lichtlein in der Weltentrauer.
Wie nie auf einmal standen wir im Glanz.
Und unsere feierlichen Herzen hingegeben
verglühten ineinander wie ein Tempeltanz.

Gertrud Kolmar

Die jüdische Dichterin lebte zwischen 1894 und 1943. Sie wurde in ein Konzentrationslager verschleppt und dort umgebracht. In ihren Gedichten drückt sie auf intensive Weise weibliche Befindlichkeit aus, sie spricht von Sehnsüchten und Träumen. Denn sie ist von den Wundern des Lebens fasziniert, so begleitet Staunen ihre Schritte. Viele ihrer Texte befassen sich mit der Kinderzeit und dem Muttersein.

Eine Mutter:
Du Liebes, meine Arme halten dich

wie einen Blumenkorb ...
Und deine Knospenaugen fallen wie Fächer
und schaun in mich. Was siehst du da?
Nur dich. Und wieder dich ...
So rühr ich dich an, mein Kindlein.
Bist du, was ich sagen kann?
O Muschel, zartes Rauschen, Freude, Sternenbilder.
Ach, alle Namen werden vor dir schal,
ich schließe dich im Herzen ein.

Die Dichterin sinnt darüber nach, was sie als Mutter erlebt. Sie horcht tief in sich hinein und geht ihren inneren Gefühlen nach. Es sind immerzu die Träume vom guten und gelingenden Leben, von der Geborgenheit in rastloser Zeit.

In diesem Kleide möchte ich eine Mutter sein.
In diesem Kleide, drum Träume fahren
von Hummeln um den grünen Wein,
mit dunklen Liedern und mit braunen Haaren.
Ich möchte sitzen, still verneigen mein Gesicht
in diesen sinkenden und sanften Falten,
draus Wald mit allen Zweigen bricht
und rätselhaften Wunschgestalten.

Auf wunderbare Weise beschreibt die Dichterin die Erfahrungen der sinnlichen Liebe, die weibliche Empfängnis und den Beginn der Schwangerschaft. Sie ist überwältigt von der göttlichen Schöpferkraft, die sie in ihrem Körper und ihrer Seele erlebt.

Als ich das Kind mit grünen Augensternen,
dein zartes, wunderbares Kind empfing,
erbrausten salzige Wasser in Zisternen,
und Nacht trug den Korallenring.

O du, nur du, ich spülte deine Glieder,
und warb und klang und schäumte über dir.
Und alle Winde küssten meine Lider,
und alle Wälder stürzten in mich nieder,
und alle Ströme mündeten in mir.

Rose Ausländer

Sie lebte 1901 bis 1988 und kam aus der Bukowina nach Mitteleuropa. In einfacher Sprache drückt sie tiefes Erleben der weiblichen Seele aus. Ein Text über die glorreiche Nacht lässt sich auch auf die Weihnacht beziehen, auf die Gottesgeburt in den Menschen, die voll Sehnsucht nach der Liebe warten.

Glorreiche Nacht,
kommen Sterne und Worte.
Das innere Gegenlicht
eingekehrt in die Stille.
Den Schlaf verträumen,
einverstanden mit allem,
schwebende Welten.

Nelly Sachs

Diese jüdische Schriftstellerin lebte 1891 bis 1963. In ihren Texten drückt sie den Schock der Überlebenden nach den Konzentrationslagern und Gasöfen der Diktatur aus. Zaghaft möchte sie die Sprache der Menschen wieder lernen, die nicht mehr hassen und Leben zerstören. Sie fragt sich bang, ob die lauten Zeitgenossen die Stimmen göttlicher Boten heute noch hören würden.

Wenn die Propheten einbrächen durch die Türen der Nacht
und ein Ohr wie eine Heimat suchten.
Ohr der Menschheit, du nesselverwachsenes,
würdest du hören?
Wenn die Propheten aufständen in der Nacht der Menschheit,
wie Liebende, die das Herz der Geliebten suchen.
Nacht der Menschheit, würdest du ein Herz zu vergeben haben?

Die leidende Dichterin blickt auf eine göttliche Gestalt in der Zukunft. Sie wird kommen und uns Menschen unsere furchtbaren Kriegsspiele wegnehmen. Und sie wird die Frühlingsknospe und die Locke eines Kindes bringen. Das wird dann die leiseste aller Geburten sein.

Einer wird den Ball aus der Hand
der furchtbar spielenden Kinder nehmen.
Sterne haben ihr eigenes Feuergesetz,
und ihre Fruchtbarkeit ist das Licht ...
Einer wird kommen und ihnen das Grün
der Frühlingsknospe an den Gebetsmantel nähen,
als ein Zeichen gesetzt an die Stirn des Jahrhunderts
die Seidenlocke des Kindes ...
Hier ist Amen zu sagen, diese Krönung der Worte,
die ins Verborgene zieht ...
Du leiseste aller Geburten.

An Weihnachten müssen wir auch der vielen Kinder gedenken, die in den Konzentrationslagern litten und heute noch leiden, die mit ihren Müttern in die Gasöfen gingen. Auch die weinenden Kinder der Nacht gehören zu unserer Erinnerung, wenn wir die göttliche Geburt feiern. Denn viele von uns sind die Nachfahren der Täter, der Mitläufer, der Wegsehenden.

O der weinenden Kinder der Nacht,
der zum Tod gezeichneten Kinder Nacht.
Der Schlaf hat keinen Eingang mehr.
Schreckliche Wärterinnen sind
an die Stelle der Mütter getreten ...
Überall brütet es in den Nestern des Grauens,
Angst säugt die Kleinen statt der Muttermilch.

Rainer Maria Rilke

Der Dichter hat in seinem „Marien-Leben" ausführlich über die Geburt in Betlehem geschrieben. Er sieht das Neue beginnen, das der göttliche Bote den Hirten auf den Viehweiden verkündet. In vielen Bildern spricht er vom Geheimnis der Weihnacht.
Zunächst sieht er die beiden schwangeren Frauen Elisabet und Maria, die sich in ihrer Vorfreude auf die Geburt treffen. Maria ist über die Berge gegangen, jetzt fühlt sie die Größe ihres Lebens. Als sie ihre Kusine traf, da berührte sie ihren Bauch sanft mit der Hand. Beide umarmten sich und waren überglücklich über das werdende Leben. So birgt jede schwangere Frau ein göttliches Geheimnis. Maria und Elisabet begannen zu tanzen, denn ihre Körper blühten.
In einer anderen Szene kam der göttliche Bote zu den Hirten auf den Feldern, und er rief ihnen zu:

Steht auf, ihr Männer, Männer dort am Feuer ...
Seht, ich bin ein neuer steigender Stern.
Mein ganzes Wesen brennt und strahlt so stark
und ist so ungeheuer voll von Licht,
dass mir das tiefe Firmament nicht mehr genügt.
Lasst meinen Glanz hinein in euer Dasein.

Der Engel spricht zu den Hirten in ihre dunklen Herzen, die bedrückt sind vom Leiden der Zeit. Er weiß um ihr hartes Leben und ihre nächtliche Geschichte. Doch er sieht sie staunen, denn der Brotfruchtbaum hat einen göttlichen Schatten geworfen. Nun sehen die Hirten ein starkes Licht von der Zukunft her leuchten.

In diesem starken Licht wird viel geschehen.
Euch vertrau ich's, denn ihr seid verschwiegen …
So wie seine Lust durch einen Engel strömt,
so treibt durch euch das Irdische.
Und wenn ein Dorngesträuch aufflammte plötzlich,
dürfte noch aus ihm das Ewige euch rufen.

Die Hirten erleben die göttlichen Boten in ihrem einfachen Leben, sie sind geblendet vom hellen Licht und stürzen zur Erde. Doch nun wird etwas Neues, der Erdkreis weitet sich. Der ewige Gott geht ein in den Schoß einer Jungfrau, das Licht ihrer Innigkeit leuchtet weit in unser Leben herein.

Hättest du Einfalt nicht, wie sollte dir geschehen,
was jetzt die Nacht erhellt?
Sieh, der Gott, der über den Völkern grollte,
macht sich mild und kommt in dir zur Welt.
Hast du ihn dir größer vorgestellt?
Was ist Größe?

Der göttliche Weltenlenker macht sich klein und kommt in einer liebenden Frau zur Welt. Ist es nicht bei jeder Geburt, dass unfassbar Großes ganz klein wird? Was ist Größe und was Kleinheit unter uns Menschen? Ein göttlicher Stern leuchtet in unser Dasein. Der Dichter sieht die Könige aus dem Osten zur Krippe hinziehen.
Dann sieht er Maria mit dem Kind und mit Josef auf dem Weg nach Ägypten. Ein König lässt Kinder morden, Mütter müssen fliehen, damals wie heute. Doch

es war ein geheimnisvoller Baum, der die Heilige Familie auf ihrer Flucht beschützte. Mit seinem Schatten begleitete er sie. Auf seinen Zweigen erblühten neue Kronen für einen neuen König.

Christine Busta

Die Dichterin übersetzt den Weg der drei Könige zur Krippe in heutige Lebenssituationen. Sie sieht die Männer aus dem Osten getrennt ziehen, jeder trägt mit sich die Last seines Lebens.

Verzeiht, dass ich zu später Stund
mit meiner Frage euch aufgeweckt.
So spürt doch, wie mir Herz und Mund
nach Bitternis der Myrrhen schmeckt.
Wir suchen alle nach dem Kind,
und jeder klopft am anderen Tor.
Weiß keiner, ob er die noch findet,
die er am Weg verlor.

Wir alle suchen an Weihnachten nach dem Kind in uns, es will spielen und tanzen. Doch es trägt seinen Schmerz, wir haben viele Gefährten unterwegs verloren. In einem anderen Text drückt die Dichterin Lebenssituationen des Advents aus.

Die Nacht wirft deinen Namen aus als Schnee,
kristallen stäubt dein Hauch in alle Winde.
O Finsternis, in der ich weiß erblinde,
o Niederkunft, in der ich schwarz vergeh.

Arnim Juhre

Dieser Dichter übersetzt das Geschehen der Weihnacht in unsere Zeit der kalten und der heißen Kriege, der Vertreibungen und der Konzentrationslager. Doch in allen Katastrophen, die wir einander bereiten, sind wir unterwegs zum Kind in der Wiege oder in der Krippe. Unsere Sehnsucht nach Liebe und Geborgenheit bleibt stumm und schweigt.

Als die Menschenmenge auf dem Weg war,
ungeheuer sich vermehrend,
hinter sich die Vernichtungslager der Vergangenheit,
vor sich die Feueröfen des Fortschritts,
und alle Welt täglich geschätzt und gewogen wurde,
ob das atomare Gleichgewicht stimmt,
da hörte man sagen:
Lasst uns nach Betlehem gehen.

Walter Bauer

Der Wanderer geht durch den Winter im Schnee bis hin zu dem Stall, zu dem die drei Könige gegangen waren. Er sieht das göttliche Kind und seine Eltern, er erkennt darin seine eigene Kindheit.

Dann stand ich im Schatten der Hütte und sah hinein,
um zu sehen, was die Könige und die Hirten sahen.
Nicht weniger, nicht mehr.
Ich konnte die beiden erblicken, sie schliefen nun.
Wie seltsam, sie glichen meinen Eltern,
wie ich sie von verblichenen Bildern kannte.
Ich sah das Kind, auch das Kind schlief.
Wie seltsam, es glich dem Kind meines Nachbarn.

Erich Fried

Der jüdische Dichter besingt die alte Königsstadt Betlehem, das „Haus des Brotes". Wichtig sind ihm der Stern, die Strahlen des Lichts, das zerfallene Dach, die Kälte der Nacht, das Brechen der Knochen in der Zeit der Gewalt.

Der Stern steht über dem Haus,
aber das Dach ist zerfallen,
zerfressen von den Strahlen des Sternes,
oder zerbrochen, als man den Stern hineinschoss.
Oder spröde geworden von der Kälte der Nacht.
Und zersprungen mit dem Knacken der Knochen.

13. Hymnen zur Weihnacht

Die kirchliche Liturgie hat eine Vielzahl von Hymnen zur Weihnacht geschaffen. Darin wird das Geheimnis der göttlichen Geburt und der Erlösung der Menschen aus der Macht der Sünde in vielfältigen Bildern besungen. Manche dieser Bilder sind uns fremd geworden, doch wir ahnen ihren Sinn noch. Hier sollen einige dieser Hymnen ausgewählt werden, die uns helfen können, das Fest tiefer zu verstehen.

Hymnus zur Laudes

Dieser Hymnus wurde und wird zum Morgenlob im kirchlichen Stundengebet gesungen, und zwar am Heiligen Abend. Er sagt, dass das göttliche Opferlamm zu den Menschen geschickt wurde, als die Welt in den Fesseln der Sünde daniederlag.

En clara vox redarguit
obscura quaeque personans.
Prucul fungentur somnia.
Ab alta Jesus promicat.
Mens jam resurgat torpida
non amplius jacens humi.
Sidus refulgat jam novum
ut tollat omne noxium.
Die klare Stimme erschallt jetzt
und vertreibt die Dunkelheit.
In die Ferne flüchten die bösen Träume,
denn aus der Höhe tritt Jesus hervor.

Unser Geist erhebt sich aus der Starre,
er liegt nicht länger auf dem Boden.
Der Stern strahlt uns jetzt neues Licht,
er tilgt von uns alle alte Schuld.

Hymnus zur Vesper

Dieses Lied wurde und wird am Abend des 25. Dezember gesungen. Darin wird Jesus als der Erlöser aller Menschen gepriesen, denn er hat dem Erdkreis neues Licht gebracht. Er ist das ewige Licht des göttlichen Vaters, das jetzt in der Welt zum Vorschein gekommen ist.

Jesus redemptor omnium,
quem lucis ante originem,
parem Paternae gloriae
Pater supremus editit.
Tu lumen et splendor Patris,
tu spes perennis omnium,
intende quas fundunt preces
tui per orbem servuli.
Memento, verum conditor,
nostri quod olim corporis,
sacrata ab ovo Virginis,
nascendo formam sumpseris.

Jesus, du Erlöser aller Welt,
der du vor allem Lichte strahlst,
der uns die göttliche Herrlichkeit zeigt,
den uns der höchste Vater jetzt schenkt.

Du Licht und Glanz des göttlichen Vaters,
du beständige Hoffnung für uns alle.

Neige dich zu den festen Bitten,
die deine Diener dir überall vortragen.

Gedenke, du Weltenschöpfer,
auch unseres menschlichen Körpers.
Er ist geheiligt seit der Empfängnis der Jungfrau,
seine Gestalt hast du bei der Geburt angenommen.

Hymnus zur Laudes

Dieser Hymnus wurde und wird zum Morgenlob am 25. Dezember gesungen. Hier wird Jesus als der Sohn der Jungfrau gepriesen. Denn er kommt vom Aufgang der Sonne und bringt den Menschen himmlisches Licht. Der Schöpfer der Welt hat menschliches Fleisch angenommen, um uns Menschen aus der Macht der Sünde und des Todes zu befreien.

A solis ortu cardine
ad usque terrae limitem
Christum canamus principem
natum Maria Virgine.
Beatus auctor saeculi
servile corpus induit.
Ut carne carnem liberans
ne ordet quos conditit.
Castae parentis viscera
caelestis intrat gratia.
Venter puellae bajulat
secreta, quae non noverat.

Von der Achse des Sonnenaufgangs
bis an die Grenzen des Weltalls

singen wir das Lob des Christus, des Fürsten,
denn er ist aus der Jungfrau Maria geboren worden.

Glückselig bist du, du Anfang der Weltzeit,
du hast einen niedrigen menschlichen Körper angezogen,
damit durch den Leib das Leibliche erlöst werde
und das Geschaffene keinen Mangel habe.

Er trat in den Schoß der reinen Mutter ein
und schenkte uns göttliche Gnaden.
So trug die Jungfrau in ihrem Leib
ein Geheimnis, das sie nicht verstand.

Hochgebet zur Weihnacht I

Die kirchliche Liturgie kennt mehrere Hochgebete, die zur heiligen Messe feierlich gesungen werden. Darin wird die Fleischwerdung des göttlichen Wortes gepriesen. Wir Menschen haben das neue Licht der göttlichen Herrlichkeit geschaut, in unseren Herzen soll die Liebe sich entfalten können.

Denn Fleisch geworden ist das Wort. Und in diesem Geheimnis erstrahlt dem Auge unseres Geistes das neue Licht deiner Herrlichkeit. In der sichtbaren Gestalt des Erlösers lässt du uns den unsichtbaren Gott erkennen, um in uns die Liebe zu dem zu entflammen, was kein Auge geschaut hat. Darum singen wir den Hochgesang der Herrlichkeit.

Hochgebet zur Weihnacht II

Auch in diesem Preislied besingt die Kirche das Geheimnis der göttlichen Geburt. Der unsichtbare Gott hat sich als Mensch gezeigt und sich den Gesetzen der Zeit unterworfen. Er heilt alle unsere Wunden, die die Macht der Sünde unseren Seelen und Körpern geschlagen hat. Er ruft alle Menschen zur Umkehr und zum Frieden auf.

Denn groß ist das Geheimnis seiner Geburt. Heute ist der unsichtbare Gott sichtbar als Mensch erschienen. Vor aller Zeit aus dir geboren hat er sich den Gesetzen der Zeit unterworfen. In ihm ist alles neu geschaffen, er heilt die Wunden der ganzen Schöpfung. Er richtet auf, was daniederliegt. Er ruft die verlorenen Menschen ins Reich des Friedens. Deswegen singen wir das Lob deiner Herrlichkeit.

Hochgebet zur Weihnacht III

Dieses Lied besingt die Erneuerung der ganzen Welt durch den menschgewordenen Gottessohn. Es gibt einen wunderbaren Tausch zwischen dem Schöpfergott und den kleinen Menschen. Das göttliche Wort ist Mensch geworden, wir empfangen seither göttliches Leben. Vor allem werden wir neu geschaffen und jetzt zur Liebe fähig.

Durch Jesus Christus erschaffst du den Menschen neu und schenkst ihm ewige Ehre. Denn einen wunderbaren Tausch hast du vollzogen, dein göttliches Wort wurde ein sterblicher Mensch. Und wir sterblichen Menschen empfangen in Christus dein göttliches Leben. Darum singen wir das Lob deiner Herrlichkeit.

Hochgebet zur Epiphanie Gottes

Dieses große Loblied wird zum Fest der Erscheinung der Gottheit in der Menschenwelt am 6. Januar gesungen. Jesus ist der göttliche Sohn und das Licht aller Menschen. Er hat uns alle neu geschaffen in der göttlichen Gnade. Vor allem hat er uns jetzt zu Liebe und Verzeihen, zu Mitgefühl und Frieden fähig gemacht.

Heute enthüllst du das Geheimnis unseres Heiles. Heute offenbarst du das Licht der Völker, deinen Sohn Jesus Christus. Er ist als sterblicher Mensch auf Erden erschienen. Er hat uns neu geschaffen im Glanz seines göttlichen Lebens. Darum singen wir den Hochgesang deiner Herrlichkeit.

Resonet in laudibus

Dieser Hymnus stammt aus dem 14. Jh. und besingt die göttliche Menschwerdung aus der Jungfrau Maria, die der Engel Gabriel verkündet hat. Der Herr des Himmels kam zu uns Menschen auf die Erde. Er will alle verirrten und sündigen Menschen in seine Seligkeit heimführen.

Singen wir mit Fröhlichkeit,
loben Gott in Ewigkeit,
seinen Sohn gibt er uns heut.
Erschienen ist, den uns gebar Maria.
Nun erfüllt sich, was verkündet Gabriel.
Eine Jungfrau wunderbar
Gott, den Heiland, uns gebar.
Ja heute erschienen ist der Christenheit
Gottes Sohn, den loben wir in Ewigkeit.
Freue dich, Jerusalem,
Licht strahlt auf in Betlehem,
wie verheißen ehedem.
Ziou, preise den Herren dein,
der uns macht von den Sünden rein
und der Menschen Heil will sein.

Natus est nobis

Dieser Hymnus wurde im 15. Jh. verfasst, er besingt die göttliche Geburt. Denn das göttliche Kind erfreut alle Menschen, es wendet unsere Leiden in Freude und Glück. Für uns alle tut sich das himmlische Tor auf, wir ahnen das Geheimnis der Gottheit. Der göttliche Vater und König kommt zu uns Menschen.

Ein Kind ist uns geboren heut,
das alle Welt erfreut,
das wendet unser Leid.
Heut tut sich auf des Himmels Tor,
es bricht ein neuer Glanz hervor,
Gott wird offenbar.
Schaut auf, ein König kommt zu euch,
der Sohn dem Vater gleich,
er machet alle reich.
Die Engel singen: Gott ist da.
Ohne Ende fern und nah
klingt es: Gloria.

Dies est laetitiae

Dieser Hymnus wurde im frühen 14. Jh. gedichtet, auch er besingt die Freuden der Weihnacht bei den Menschen. Die ganze Natur staunt über die Wunder der Schöpfung, denn eine Jungfrau gebar einen himmlischen Sohn. Das Kind erfüllt mit seinem Licht die ganze Menschenwelt, die in der Sünde gefesselt lag.

Tag an Glanz und Freuden groß, allen, die verloren.
Seht, aus einer Jungfrau Schoß ist uns Gott geboren.
Ward ein Mensch, ein Kindlein schön,

zart und lieblich anzusehn unter Menschenkindern.
Gott unfassbar, Gott im Licht, neigt zur Welt sein Angesicht,
ihre Not zu lindern.
Staunen die Natur befällt, denn vom Geist empfangen
ist Gott Sohn in diese Welt leibhaft eingegangen.
Eine Jungfrau den gebar, der ihr eigener Schöpfer war,
Gott vor allen Zeiten. Und das Kindlein, das sie stillt,
hat mit seinem Glanz erfüllt alle Ewigkeiten.
Wie die Sonne Glas durchdringt, ohne es zu trüben,
so ist, die den Herrn uns bringt, allzeit Jungfrau blieben.
O Maria rein und groß, selig bist du, deren Schoß
Gottes Sohn getragen. Selig Mutter, Gottes wert,
die den Herrn der Welt genährt in den Erdentagen.

Quem pastorem laudavere

Im 15. Jh. wurde dieser Hymnus gedichtet, er wendet sich an die Hirten auf den Viehweiden. Der göttliche Bote spricht zu ihnen, der große Gott und Schöpfer der Welt sei ein Mensch geworden. Ein neuer Stern sei aufgegangen, die Nacht der Sünde sei nun hell geworden. Alle Menschen, Große und Kleine, sind vom göttlichen Schöpfer mit seiner Gnade erfüllt worden, sie dürfen sich jetzt freuen.

Hört, es singt und klingt mit Schalle,
fürchtet euch nicht, ihr Hirten alle.
Macht euch auf, geht hin zum Stalle,
Gott ward Mensch, des freuen sich alle.
Seht, ein Stern ist aufgegangen
denen, die in Nacht gefangen.
Zu dem Kinde voll Verlangen
ziehn von fern die Könige her.
Mit den Hohen und Geringen

wollen wir ihm Gaben bringen.
Gloria voll Freude singen
mit der Engel großem Heer.
Denn er ist zur Welt gekommen,
für die Sünder, für die Frommen.
Hat uns alle angenommen,
uns zum Heil und Gott zur Ehr.

Adeste fideles!

Dieser Hymnus wurde vom französischen Priester Borderies um 1790 verfasst, er stammt also aus der Zeit der Revolution in Frankreich. Die Christen werden aufgerufen, sich über die göttliche Geburt zu freuen. Denn der große Schöpfergott stieg zur Erde nieder, er macht alle kleinen Menschen groß und würdig. Unter den streitenden Menschen soll der Friede möglich werden, denn der Glanz der Gottheit erfüllt nun die ganze Welt. Himmel und Erde sollen sich überschwänglich freuen, die Erlösung ist vollendet worden.

Nun freut euch, ihr Christen, singet Jubellieder
und kommet, o kommet nach Betlehem.
Christus der Heiland stieg zu uns hernieder.
Kommt lasset uns anbeten den König, den Herrn.
O sehet, die Hirten eilen von den Herden
und suchen das Kind nach des Engels Wort.
Gehen wir mit ihnen, Friede soll nun werden.
Der Abglanz des Vaters, Herr der Herren alle,
ist heute erschienen in unserem Fleisch.
Gott ist geboren als ein Kind im Stalle.
Kommet, singet dem Herrn, singet Engelchöre,
frohlocket, frohlocket, ihr Seligen all.
Himmel und Erde bringen Gott die Ehre.

Puer natus in Betlehem

Dieser alte Hymnus wurde im 14. Jh. gedichtet. Er besingt das neu geborene Kind in Betlehem. Die ganze Stadt freut sich über die göttliche Geburt aus der Jungfrau Maria. Denn dieses Kind wird die Herrschaft über die Welt ergreifen, deswegen kommen Könige aus der Ferne zu ihm auf Besuch. Sie staunen über die göttliche Geburt und die Menschwerdung, alle Wesen loben den göttlichen Schöpfer.

Ein Kind geborn zu Betlehem,
des freuet sich Jerusalem. Halleluja.
Hier liegt es in dem Krippelein,
ohn Ende wird seine Herrschaft sein. Halleluja.
Die Könige aus Saba kamen her,
Gold, Weihrauch und Myrrhe brachten sie dar. Halleluja.
Sie gingen in das Haus hinein
und grüßten das Kind und die Mutter sein. Halleluja.
Sie fielen nieder auf ihre Knie
und sprachen: Gott und Mensch ist hier. Halleluja.
Für solche gnadenreiche Zeit
sei Gott gelobt in Ewigkeit. Halleluja.

14. Lieder zur Weihnacht

Hier sollen einige Lieder in Erinnerung gerufen werden, die das Geheimnis der göttlichen und der menschlichen Geburt aussagen und besingen. Viele Texte sind aus der Frömmigkeit und dem Erleben des Volkes entstanden. Gewiss sind sie immer mit einer bestimmten Zeit und Lebenssituation verbunden.

Tauet, Himmel, den Gerechten

Dieses Lied aus der Barockzeit stammt von Heinrich Lindenborn (1741). Es drückt die Sehnsucht des geknechteten Volkes aus, das nach einem Befreier ruft. Die Menschen schreien zu Gott, er möge ihre Not beenden und einen Retter aus den Leiden des Erdenlebens schicken.

Tauet, Himmel, den Gerechten, Wolken, regnet ihn herab!
Rief das Volk in langen Nächten, dem Gott die Verheißung gab.
Einst den Retter selbst zu sehen und zum Himmel einzugehen.
Denn verschlossen war das Tor, bis der Heiland trat hervor ...
Und als Mensch zu Menschenkindern kommt des ewgen Vaters Sohn.
Licht und Heil bringt er den Sündern, Frieden von des Himmels Thron.
Erde, jauchze auf in Wonne, bei dem Strahl der neuen Sonne.
Bald erfüllet ist die Zeit, macht ihm euer Herz bereit.

O Heiland, reiß die Himmel auf

Der Jesuit Friedrich von Spee hat im Jahr 1622 diesen Text verfasst, er war ein großer Vorkämpfer gegen die Hexenverfolgung. Die Menschen bitten in der Not ihrer Sünden um einen Erlöser, der vom Himmel kommt und sie vom Hass befreit. Die Erde ist dunkel und leidvoll geworden, so erwarten die Menschen Hilfe von Gott.

O Heiland, reiß die Himmel auf,
herab, herab vom Himmel lauf.
Reiß ab vom Himmel Tür und Tor,
reiß ab, wo Schloß und Riegel vor.
O Erd, schlag aus, schlag aus, o Erd,
dass Berg und Tal grün alles werd.
O Erd, hervor dies Blümlein bring,
o Heiland, aus der Erden spring.
O klare Sonn, du schöner Stern,
dich wollen wir anschauen gern.
O Sonn, geh auf, ohn deinen Schein
in Finsternis wir alle sein.

Es ist ein Ros entsprungen

Dieses Lied stammt aus dem 16. Jh. und ist ein Rätsellied. Es erzählt von einer Rose, die uns mit Jesus erblüht ist. Die reine Jungfrau Maria hat uns die edle Blume gebracht. Sie hat ein Kind geboren, den Retter und Heiland der Welt.

Es ist ein Ros entsprungen aus einer Wurzel zart.
Wie uns die Alten sungen, aus Jesse kam die Art.
Und hat ein Blümlein bracht.
Mitten im kalten Winter wohl zu der halben Nacht.
Das Blümdein so kleine, das duftet uns so süß.
Mit seinem hellen Scheine vertreibt's die Finsternis.
Wahr Mensch und wahrer Gott.
Hilft uns aus allem Leide, rettet vor Sünd und Tod.

O du fröhliche

Dieses Lied bringt die Freude der Weihnachtszeit zum Ausdruck, weil uns der Erlöser geboren wurde. Der Text stammt aus dem frühen 19. Jh., die Melodie ist ein Volkslied aus Sizilien. Die Menschen werden aufgefordert, sich über die beginnende Erlösung zu freuen.

O du fröhliche, o du selige
gnadenbringende Weihnachtszeit.
Welt ging verloren, Christ ist geboren.
Freue dich, o Christenheit.
Christ ist erschienen, für uns zu sühnen.
Freue dich, o Christenheit.
Himmlische Heere singen Gott Ehre.
Freue dich, o Christenheit.

Lobt Gott, ihr Christen

Dieses Lied aus dem 16. Jh. von Nikolaus Herman drückt die Freude der Menschen aus, weil der göttliche Sohn geboren wurde. Der große Gott wohnt in einem kleinen Menschenkind. Damit öffnet sich für uns das Tor zum Himmel, kein Engel bewacht es mehr. Uns ist neues Leben eröffnet worden.

Lobt Gott, ihr Christen alle gleich, in seinem höchsten Thron.
Der heut aufschließt sein Himmelreich
und schenkt uns seinen Sohn.
Heut schließt er wieder auf die Tür
zum schönen Paradeis.
Der Cherub steht nicht mehr dafür,
Gott sei Lob, Ehr und Preis.

Zu Betlehem geboren

Auch dieses Lied stammt vom Jesuitenpater Friedrich von Spee im 17. Jh. Es drückt die innige Verehrung des göttlichen Kindes aus. Die Gläubigen sollen sich in die Liebe versenken, dann werden sie diese göttliche Geburt verstehen.

Zu Betlehem geboren ist uns ein Kindelein.
Das hab ich auserkoren, sein eigen will ich sein.
In seine Lieb versenken will ich mich ganz hinab.
Mein Herz will ich ihm schenken und alles, was ich hab.
Dich wahren Gott ich finde in meinem Fleisch und Blut.
Darum ich fest mich binde an dich, mein höchstes Gut.

Jauchzet, ihr Himmel

Dieses Lied wurde von Gerhard Tersteegen um 1731 gedichtet. Himmel und Erde sollen sich freuen, denn der göttliche Schöpfer wendet sich uns Menschen zu. Die Sünder können sich jetzt versöhnen, alle öffnen sich der Kraft der Liebe. Das Tor zum glücklichen Leben steht uns allen weit offen.

Jauchzet, ihr Himmel, frohlocket, ihr Engel in Chören.
Singet dem Herren, dem Heiland der Menschen, zu Ehren.
Sehet doch da, Gott will so freundlich und nah
zu den Verlassenen sich kehren.
Sehet das Wunder, wie tief sich der Höchste hier beuget.
Sehet die Liebe, die endlich als Liebe sich zeiget.
Gott wird ein Kind, traget und hebet die Sünd.
Alles anbetet und schweiget.

O Jubel, o Freud

Dieses volkstümliche Lied kommt aus den Alpenländern. Die Menschen freuen sich, weil ein göttliches Kind geboren wurde. Es ist eine glückliche Zeit angebrochen. Die Hirten laufen zum Stall, sie finden das Kind beim Vieh schlafend. So beten alle Menschen um die Verzeihung ihrer Sünden.

O Jubel, o Freud, glückselige Zeit.
Ein Kindlein geboren, aus tausend erkoren.
O Jubel, o Freud, glückselige Zeit.
Ihr Hirten wohl auf, nach Betlehem lauft.
Die Pfeifen lasst hören, die Freud zu vermehren.
Und blast nur brav drein, das Kindlein wird's freuen.

Still, weils Kindlein schlafen will

Dieses Lied aus den Alpenländern besingt die Mutter Maria, die ihr Kind in den Schlaf wiegt. Sie reicht dem Kind die Brust, während die Engel musizieren. Gottes Liebe zu uns Menschen ist übergroß geworden. Er hat den Himmel verlassen und ist zu uns auf die Erde gekommen. Doch das geschieht bei jeder Geburt.

Still, still, weils Kindlein schlafen will.
Maria tut es niedersingen, ihre zarte Brust darbringen.
Still, weils Kindlein schlafen will.
Schlaf, mein liebes Kindlein, schlaf.
Die Engel tun schön musizieren,
bei dem Kindlein jubilieren.
Schlaf, mein liebes Kindlein, schlaf.

Der Heiland ist geboren

Auch dieses volkstümliche Lied stammt aus den Alpenländern. Es singt von der göttlichen Geburt, die den Menschen die Erlösung von Hass und Gewalt bringt. Die Christen sollen sich von Herzen freuen, denn das göttliche Kind ist in einem Stall geboren worden. Gott kommt zu den kleinen und niedrigen Menschen, zu den Armen und Verfolgten.

Der Heiland ist geboren, freu dich, o Christenheit.
Sonst wären wir alle verloren in alle Ewigkeit.
Freut euch von Herzen, ihr Christen all.
Kommt her zum Kindlein in dem Stall.
Ein Kindlein auserkoren, freu dich, o Christenheit.
Ist uns im Stall geboren, das Himmel und Erde erfreut.

Grünet, Felder

Dieses volkstümliche Lied aus dem Alpenbereich bezieht die ganze Natur in die Weihnachtsfreude ein. Die Felder und die Wiesen sollen im Winter grünen und blühen, weil das göttliche Kind geboren wurde. Die Hirten sollen ihre Gaben zur Krippe bringen. Alle Menschen bitten um Verzeihung ihrer Sünden und um Trost im Himmel bei Gott.

Grünet, Felder, grünet, Wiesen, weil der Heiland ist geborn.
Den Gott selber auserkiesen, sonsten wärn wir all verlorn.
Drum so lasset uns frohlocken und ihn benedeien all.
Schaut nur, er liegt dorten, in einem schlechten Ochsenstall.
O mein Kindel, wir dich grüßen und von Herzen bitten tun.
Wenn wir einmal sterben müssen, sei so gut, verdamm uns nicht.
Tu die Sünden uns verzeihen und die Strafen uns schenken mit.
Tu uns Himmelstrost verleihen, das ist unsere große Bitt.

Inmitten der Nacht

Dieses Lied stammt von Gottfried Wolters (20. Jh.) und drückt die Freude über die wunderbare Geburt aus. Überall ist ein Singen und Klingen, seit das Kind geboren worden ist. Viele Menschen wollen den Erlöser sehen, weil er uns allen Gnade und Liebe bringen wird.

Inmitten der Nacht, als keiner gewacht,
da hört man ein Singen, ein fröhliches Klingen.
Was ward uns beschert? Ein Kindlein zur Erd.
Die fröhlich Musik lässt keinen zurück.
Da kommen gelaufen in Eil ohn Verschnaufen,
viele Männer und Frauen, das Kindlein zu schauen.

Maria durch ein Dornwald ging

Dieses alte Volkslied besingt den Weg Marias zu ihrer Kusine Elisabet. Als sie durch die Dornen schritt, da begannen diese zu blühen. Denn Maria trägt in ihrem Leib den Erlöser der Menschen, ein göttliches Kind. Alle bitten um Erbarmen und um Vergebung der Sünden, es ist Zeit der Umkehr.

Maria durch ein Dornwald ging. Kyrie eleison.
Maria durch ein Dornwald ging,
der hat in sieben Jahr kein Laub getragen.
Was trug Maria unter ihrem Herzen?
Ein kleines Kindlein ohne Schmerzen,
das trug Maria unter ihrem Herzen.
Da haben die Dornen Rosen getragen,
als das Kindlein durch den Wald getragen,
da haben die Dornen Rosen getragen.

Stille Nacht

Dieses Lied entstand im 19. Jh. im Salzburger Land, es ist weltweit das beliebteste Weihnachtslied geworden und wird auch in fremden Kulturen gesungen. Wir bestaunen in der Heiligen Nacht das neugeborene Kind und singen es in den Schlaf. Liebe kommt vom göttlichen Kind zu uns feindlichen Menschen. Wir werden von alter Schuld erlöst, wir müssen nicht mehr hassen. Hirten und Engel freuen sich in gleicher Weise.

Stille Nacht, heilige Nacht,
alles schläft, einsam wacht
nur das traute hochheilige Paar,
holder Knabe in lockigem Haar.
Schlaf in himmlischer Ruh.
Stille Nacht, heilige Nacht.
Gottes Sohn, o wie lacht
Lieb aus deinem göttlichen Mund,
da uns schlägt die rettende Stund.
Christ in deiner Geburt.

Süßer die Glocken nie klingen

Dieses Volkslied erzählt von der Kraft der Musik in der Weihnachtszeit. Die Engel singen uns Menschen vom möglichen Frieden und Glück. Denn der göttliche Sohn kam vom Himmel auf die Erde. Sie ist immer voller Musik, wenn ein Kind geboren wird.

Süßer die Glocken nie klingen, als zu der Weihnachtszeit.
Es ist, als ob Engel hell singen wieder von Frieden und Freud.
Wie sie gesungen in seliger Nacht.
Glocken mit heiligem Klang, klinget die Erde entlang.

Ich steh an deiner Krippe hier

Dieses Lied stammt vom evangelischen Dichter Paul Gerhardt, es ist im 17. Jh. entstanden. Der gläubige Christ steht vor der Weihnachtskrippe, er will sein Denken und Fühlen dem göttlichen Kind schenken. Der göttliche Schöpfer wird in jedem von uns geboren. Er hat jeden Menschen auserwählt und von der unheimlichen Macht der Sünde erlöst. Dessen sollen wir uns von Herzen freuen zu dieser heiligen Zeit.

Ich steh an deiner Krippe hier, o Jesus, du mein Leben.
Ich komme, bring und schenke dir, was du mir hast gegeben.
Nimm hin, es ist mein Geist und Sinn,
Herz, Seel und Mut, nimm alles hin,
und lass dir's wohl gefallen.
Da ich noch nicht geboren war, da bist du mir geboren.
Und hast mich dir zu eigen gar,
eh ich dich erkannt, erkoren.
Eh ich durch deine Hand gemacht,
da hast du schon bei dir bedacht,
wie du mein wolltest werden.

Bilderverzeichnis

Umschlag: Alessio Baldovinetti: Madonna mit Kind. Uffizien, Florenz, Foto Scala (Florenz).

1. Alessio Baldovinetti: Verkündigung an Maria. Uffizien, Florenz, Foto Scala.
2. Correggio: Anbetung des Kindes. Uffizien, Florenz, Foto Scala.
3. Sandro Botticelli: Verkündigung an Maria. Uffizien, Florenz, Foto Scala.
4. Freskoausschnitt Dreikönigszug. St. Peter am Kammersberg. Foto Dr. Roth.
5. Fra Angelico: Anbetung der Magier. Museo di San Marco, Florenz, Foto Scala.
6. Filippino Lippi: Anbetung des Kindes. Uffizien, Florenz, Foto Scala.
7. Hans Memling: Madonna mit Kind und Engeln. Uffizien, Florenz, Foto Scala.
8. Lorenzo di Credi: Verkündigung an Maria. Uffizien, Florenz, Foto Scala.
9. Hugo van Goes: Madonna mit Kind. Uffizien, Florenz, Foto Scala.
10. Geburt Christi. Sakramentar Minden, 11. Jh., Staatsbibliothek Berlin.
11. Domenico Ghirlandaio: Anbetung der Magier. Ospedale degli Innocenti, Florenz, Foto Scala.
12. Geburt Christi und Anbetung der Könige. Alte Galerie Joanneum, Graz. Foto Dr. Roth.
13. Lorenzo di Credi: Anbetung der Hirten. Uffizien Florenz, Foto Scala.
14. Anbetung der Könige. Stift Vorau, Foto Dr. Roth.
15. Fillipino Pippi: Anbetung der Magier. Uffizien, Florenz, Foto Scala.
16. Albrecht Dürer: Anbetung der Magier. Uffizien, Florenz, Foto Scala.

Autorenverzeichnis

Christa Felicetti: Kap. 1, 2, 7, 9, 12, 13, 14.
Christa Hellstern: Kap. 5, 6, 11.
Erwin Möde: Kap. 3.
Thomas Schnelzer: Kap. 4.
Anton Grabner-Haider: Kap. 6, 8, 10.

Quellen und Literatur

Karl Heinz Ohlig: Christologie I, II. (Texte zur Theologie) 1989.
Franz Josef Niemann: Jesus von Nazareth (Texte zur Theologie) 1991.
Franz Courth: Mariologie (Texte zur Theologie) 1993.
Herbert Vorgrimler: Gotteslehre I, II (Texte zur Theologie) 1994.
Carl Schneider: Kulturgeschichte des Hellenismus I, II. 1969.
Bernhard Grom: Religionspsychologie. 1992.
John Hick: Religion. 1996.
Erich Fromm: Religion und Psychologie. 1969.
Elisabeth Schüssler-Fiorenza: Zu ihrem Gedächtnis. 1989.
Rosemarie R. Ruether: Unsere Wunden heilen. 1988.
Helen Schüngel-Straumann: Die Frau am Anfang. 1989.
Maria Kassel (Hg.): Feministische Theologie. 1988.
Alexander Demandt: Handbuch der Spätantike. 1991.

Kersti Geiseler (Hg.)

MARIA
Die irdische Frau

162 Seiten, davon 16 Seiten Farbbilder
Format: 22 x 22 cm
gebunden
ATS 350,– / DM 48,– / sFr 46,–
ISBN 3-222-12796-4

Die weibliche Dimension des Göttlichen –
eine Kulturgeschichte der Marienverehrung mit den
schönsten Marienbildern der europäischen Kunst

Ewin Möde (Hg.)

2000 Jahre Christentum
und europäische Kultur

208 Seiten, davon 16 Seiten Farbbilder
Format: 22 x 22 cm
gebunden
ATS 350,– / DM 48,– / sFr 46,–
ISBN 3-222-12737-9

Bilanz einer Religion – Bilanz einer Kultur

Egon Kapellari

HEILIGE ZEICHEN
IN LITURGIE UND ALLTAG

3. Aufl.
188 Seiten, davon 16 Farbbilder
Format: 22 x 22 cm
gebunden
ATS 218,– / DM 29,80 / sFr 28,30
ISBN 3-222-12540-6

Gegen den Verlust der Zeichen und Symbole